中国期货业协会期货投资者教育专项基金资助

"讲故事 学期货"金融国民教育丛书

能化期货

"讲故事 学期货"金融国民教育丛书编写组◎编

中国财经出版传媒集团
中国财政经济出版社

图书在版编目（CIP）数据

能化期货／“讲故事　学期货”金融国民教育丛书编写组编. —北京：中国财政经济出版社，2020.12（2024.1重印）
（“讲故事　学期货”金融国民教育丛书）
中国期货业协会期货投资者教育专项基金资助
ISBN 978－7－5095－7088－3

Ⅰ.①能…　Ⅱ.①讲…　Ⅲ.①能源－商品期货－通俗读物②化工商品－商品期货－通俗读物　Ⅳ.①F830.93－49

中国版本图书馆 CIP 数据核字（2016）第 280060 号

责任编辑：翁晓红　　　　责任校对：胡永立
封面设计：田　晗　　　　版式设计：董生萍

能化期货
NENGHUA QIHUO

中国财政经济出版社 出版
URL：http：//www.cfeph.cn
E－mail：cfeph@cfeph.cn

社址：北京市海淀区阜成路甲 28 号　邮政编码：100142
营销中心电话：010－88191522
天猫网店：中国财政经济出版社旗舰店
网址：https：//zgczjjcbs.tmall.com
北京时捷印刷有限公司印刷　各地新华书店经销
成品尺寸：186mm×210mm　24 开　8.5 印张　168 000 字
2020 年 12 月第 1 版　2024 年 1 月北京第 3 次印刷
定价：28.00 元
ISBN 978－7－5095－7088－3
（图书出现印装问题，本社负责调换，电话：010－88190548）
本社质量投诉电话：010－88190744
打击盗版举报热线：010－88191661　QQ：2242791300

前　言

近年来，我国期货市场运行质量不断提高，价格发现和风险管理的基础功能得到发挥，在优化资源配置、促进产业升级、提升经济运行效率、维护国家经济金融安全等方面发挥着越来越重要的作用。在新品种不断推出、新业务持续发展、国际化进程稳步推进的大背景下，不仅是机构客户、产业链企业、高净值人群出于规避价格波动风险的迫切需求，将期货这一对冲工具放入资产配置的篮子之中，以期平衡资产收支、实现财富管理目标，一些中小投资者也被价格波动带来的投资机会吸引，成为市场的参与者和流动性的贡献者。

我国投资者群体普遍缺乏系统的金融知识教育，风险识别能力和风险承受能力不高，容易产生投资过程中的非理性行为，不仅造成自身的财务风险，也给市场稳定和金融安全造成隐患。从世界范围来看，随着各国金融消费规模的不断增加和金融创新的快速发展，金融商品或服务日益复杂化，金融知识教育作为对消费者的一种预防性保护，得到了越来越多国家的重视和强化。期货及期权合约的杠杆性、复杂性和投机性，决定了其“高风险、高收益”的特点，将期货知识纳入金融国民教育体系，是一项具有行业前瞻性的工作。

根据国务院办公厅《关于进一步加强资本市场中小投资者合法权益保护工作的意见》（国办发〔2013〕110 号）的有关要求，在中国证监会、教育部联合印发的《关于加强证券期货知识普及教育的合作备忘录》的指导下，期货行业在落实“加大普及证券期货知识力度”“将投资者教育逐步纳入国民教育体系”方面开展了多种探索和实践。由中国期货业协会期货投资者教育专项基金资助编写的《“讲故事　学期货”金融国民教育丛书》就是将复杂的金融知识以尽可能通俗易懂的方式向公众传播的有益尝试。丛书作为系统介绍我国期货市场的基础性教育普及读物，以广大普通投资者为服务对象，满足对期货市场缺乏了解的个人或企业的需求。丛书在编写上突出“讲故事　学期货”的特色，在编写形式上多引用案例故事，形式活泼；在语言上通俗易懂，可读性强；在内容上以“风险教育”为主线，深入浅出，不仅对期货市场的起源发展、交易方法、交易品种等基本知识进行了讲解，而且对期货市场的组织架构、法律法规、风险监管等环节也进行了全方位解读；还考虑到期货行业未来的发展趋势，对期权、场外衍生品等投资者感兴趣的话题作了前瞻性介绍。

衷心希望本套丛书的出版能够为期货投资者了解期货市场、树立风险意识、理性参与期货交易提供有益的帮助。

“讲故事　学期货”金融国民教育丛书编写组

2020 年 12 月

目　录

带你走进缤纷的能源化工世界

原油

塑料

甲醇

石油沥青

精对苯二甲酸（PTA）

液化石油气

苯乙烯（EB）

尿素

带你走进缤纷的能源化工世界

（一）当能源应用充满智慧

人类开发和利用能源的历史悠久。大约在150万年前人类开始用火，约7000年前开始用畜力，3000年前开始用煤。虽然还没有确切的资料证明到底从什么时候开始使用石油，但在巴勒斯坦的古墓墙壁上的象形文字中曾记载了死海的石油开采。在公元前5世纪古波斯帝国首都附近曾出现手工挖掘的石油井。波斯人最早把石油用于攻打雅典城的战争中。也有历史记载，公元前5世纪至公元1世纪，在高加索山脚下和里海沿岸的许多地方，都发现了油气苗，引来虔诚的拜火教信徒朝拜。

中国是世界上最早发现和利用石油天然气的国家之一。3000多年前的《易经》中有“上火下泽”“泽中有火”等记载。1900多年前，班固的《汉书·地理志》记载：“高奴有洧水可燃。”宋代的沈括（公元1031～1095年）在《梦溪笔谈》中不但首次提出“石油”这一名称，而且认为石油“生于北际沙石之中”“与泉水相杂，惘惘而出”，并做出预言，“石油至多，生于地中无穷”“此物后必大行于世”。

人类发展的历史存在这么一个不争的事实：人类文明的每一次重大进步都伴随着能源应用的改进和更替。从当初的钻木取火，到工业革命的蒸汽动力，再到现在的电气化，人类对能源的应用无不充满智慧。现在，冬天集中供热的煤炭、汽车驱动行驶的汽油、厨房设备接入的天然气，都是维系社会运行的主要动力来源，并且都是化石能源。

在所有化石能源消费中，石油占比最高，在一次能源中占比高达 32%。天然气消费增长最快，以年均 1.8% 的速度增长，远远超过石油 0.9% 和煤炭 0.5% 的增速。近年来，太阳能、风能、生物能等可再生能源消费异军突起，以年均 6.6% 的速度快速增长。预计到 2035 年，非化石能源在一次能源中的比重可从当前的 3% 上升至 9%（见图 1）。

当能源应用充满智慧，人类文明就洒满光辉。

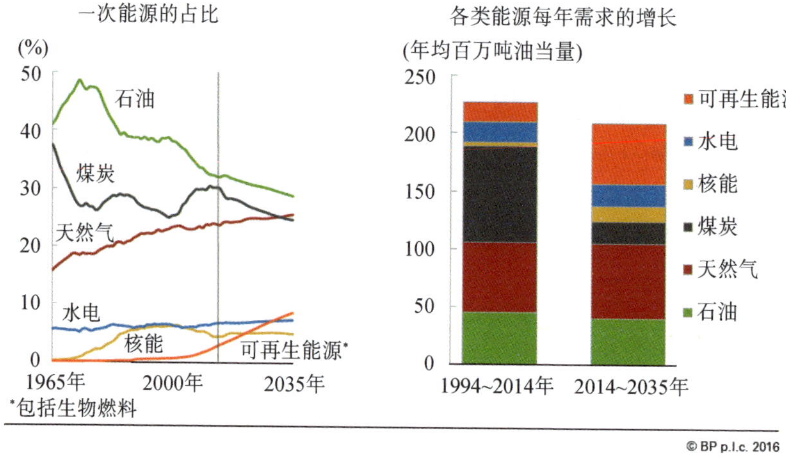

图 1 2016 年世界能源展望

资料来源：BP。

（二）能源化工家族之大令人叹为观止

能源不仅提供动力，还通过提炼加工形成各种化工产品，形成了庞大的能化产业链。石油自然就是能化产业的“族长”，这个族系主要有两大核心支系。一个支系包含了常见的汽油、柴油、航空煤油、石蜡、石油沥青、石油焦等，其中汽油和柴油占比最高，是重要的“骨干成员”；另一个支系就是所谓的石油化工产品，品种更是多种多样，生活中的很多塑料制品、合成橡胶制品都是这个支系的“带头人”。

石油化工工业以石油和天然气为原料，生产石油产品和石油化工产品。它大体上可以分为烯烃链和芳烃链两个分支，其源头基本来自石油常减压所生产的石脑油及部分其他馏分。其中，芳烃链主要包含苯、甲苯、二甲苯，其是生产合成橡胶、PTA、聚酯纤维等的主要原料；烯烃链主要包含乙烯、丙烯、丁二烯等，是生产塑料、PP、PVC、乙二醇、合成橡胶等的重要原料。

煤化工以煤为原料，经化学加工使煤转化为气体、液体和固体产品，而后进一步加工成化工、能源产品。煤化工主要包括煤的气化、液化、干馏，以及焦油加工和电石乙炔化工等。在煤化工可利用的生产技术中，炼焦是应用最早的工艺，至今仍然是化学工业的重要组成部分。煤的气化在煤化工中占有重要地位，煤气化生产的合成气是合成液体燃料、化工原料等多种产品的原料。煤直接液化，即煤高压加氢液化，可以生产人造石油和化学产品。在石油短缺时，煤的液化产品可替代天然石油（见图2）。

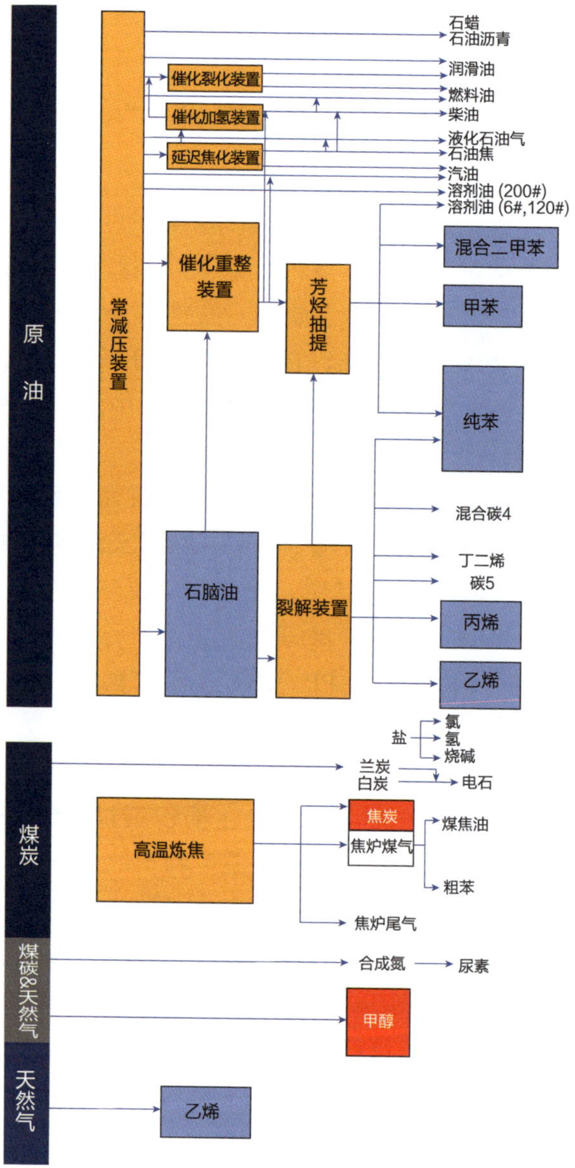

图 2 能化产业大族谱

资料来源：BP。

做功课

延伸阅读：能源化工产业发展简史

能源化工是指利用石油、天然气和煤炭等基础能源资源，通过化学过程制备二次能源和化工产品的过程，主要包括石油化工、天然气化工和煤化工等，广义上石油化工包括天然气化工。在能源化工领域，占据主导地位的是石油化工。目前，车用燃料的99%以上、所有的航空燃料以及石蜡、沥青、润滑油等都来自石油化工。但是人类开发能源化工的历史是从煤化工开始的。

中国是最早使用煤的国家之一，早在公元前就用煤冶炼铜矿石、烧制陶瓷，明代已用焦炭冶铁。但是，煤作为化学工业的原料加以利用并逐步形成工业体系，则是在近代工业革命之后。18 世纪后半叶，由于工业革命的进展，炼铁用焦炭的需求量大幅增加，炼焦炉应运而生，并于1763 年发展了将煤用于炼焦的蜂窝式炼焦炉。第一次世界大战期间，钢铁工业高速发展，同时还存在对氨、苯及甲苯等炸药原料的大量需求，这就促使炼焦工业进一步发展，并形成炼焦副产化学品的回收和利用工业。

第二次世界大战前夕及战争期间，煤化工全面发展进入辉煌时期。费托合成、煤直接加氢液化、低温干馏等一系列生产技术应运而生。1938 年一氧化碳加氢合成液体燃料产量已达59 万吨，1939 年煤高压加氢液化制取液体燃料的方法达到110 万吨的年生产能力，1944 年底温干馏焦油年生产能力已达到94.5 万吨。此外，由煤直接化学加工制取磺化煤、腐殖酸和褐煤蜡的小型工业，以及以煤为原料制取碳化钙，进而生产乙炔从而以乙炔为原料的化学工业也获得发展。

第二次世界大战以后，由于大量廉价石油和天然气的开采，工业上大规模由煤制取液体燃料的生产暂时中止，代之而起的是以石油和天然气为原料的石油化工。煤在世界能源构成中的比例由65%～70%降至25%～27%，不少工业化国家已经用天然气代替了民用煤气。值得一提的是，由于钢铁工业的持续发展，煤化工的炼焦工业也不断壮大。

石油化工起源于美国，主要依附于石油炼制工业，在20世纪20年代兴起，第二次世界大战前后迅速发展，50年代在欧洲崛起，60年代又进一步扩大到日本及世界各国。由此导致的一个重要变化是，很多化学品的生产从以煤为原料转移到以石油和天然气为原料，世界化学工业的生产结构和原料体系已经发生了重大变化。70年代初，美国石油化工生产的各种石油化学产品多达数千种，石油化学工业的新工艺、新产品不断出现。

20世纪80年代以后，中国经济开始腾飞，纺织业等轻工业飞速发展，并迅速形成巨大的出口能力，对石化产品的需求与日俱增。在巨大的市场需求驱动下，中国石化产业进入持续快速增长阶段。进入21世纪，中国的能源消费总量仍逐年递增，年均增速高达5%以上，成为全球最大的能源消费国。2016年，中国一次能源消费量30.53亿吨油当量，同比增长5.6%，占世界的比重为23.0%，占全球净增长的34%。具体细分到一次能源，煤炭一直是我国的能源消费主体，占比一直高于65%；天然气的消费则整体窄幅震荡，变化不大，而石油则基本持平；一次电力及其他新能源则呈现逐年增长趋势。

推荐阅读

书名：《新中国石油化学工业发展史（1949～2009）》

作者：黄时进

出版社：华东理工大学出版社

简介：本书真实再现了1949～2009年这60年来我国石化工业历经从无到有、从弱到强的艰难而辉煌的历程，实证研究了石化工业的发展在每一个阶段对当时的内政外交、国民经济、人民群众的物质及文化生活等社会各重要方面的客观影响，同时通过“口述史”来再现新中国石化工业建设的奋斗历程。本书寓科学于人文，既有科学深度，也有人文温度，对了解石化产业大有帮助。

原油

（一）原油贸易离不开原油期货

我国作为原油进口和消费大国，国内企业在全球原油市场占据举足轻重的地位。原油贸易公司经常从中东购进原油，然后运回国内提供给石油炼化企业加工生产成品油。但是，这些贸易公司往往由于资金周转不足和原油运输过程中的船期风险（如资金短期周转紧张导致错过原油低位的最佳买点，船期较长导致当原油靠港后油价较装船时已经大跌的风险），需要用到原油期货这个工具，通过原油期货市场进行套期保值交易。

原油期货的历史可以追溯到100多年前曾繁荣一时的美国纽约汽油交易所。随后在20世纪30年代，全球原油供需失衡、油价大跌，美国加利福尼亚州曾短暂出现过一个原油期货市场，但这些交易所都被美国政府建立的垄断石油市场扼杀。直到20世纪70年代，以中东战争为导火索的两次石油危机令诸多经济体面临恶性通胀风险，各国纷纷采取经济手段，原油期货才成为欧美各国解决油价波动的重要金融工具。

然而好事多磨。起初纽约棉花交易所试图强推原油期货，但1967年和1974年的两次尝试均告失败。1978年底，纽约商品交易所（NYMEX）推出了2号取暖油期货，一上市就吸引了诸多小型的公司和独立的市场参与者，随后石油现货交易商与投机商的加入进一步增加了市场活力。经历了8年的尝试，NYMEX于1986年正式推出了美国西德克萨斯轻质原油（WTI）期货期权合约，两年后伦敦国际原油交易所（IPE）也推出了布伦特原油（Brent）期货合约。由于交易量迅速攀升，WTI原油期货已成为美国以及西半球其他市场常用的原油价格标杆，Brent原油期货则是西欧、地中海和西非地区原油价格基准。

原油期货是由期货交易所统一制定、以原油为标的物的标准化期货合约。原油是世界上交易最活跃的商品，原油期货因此也成为最重要的期货交易品种。国际原油期货标准合约一般包含合约标的、报价方式、最小变动价位、每天价格最大波动限制、当日结算价；合约月份、交易时间、最后交易日、交割方式、交割日期、交割结算价等元素。

目前，世界上交易量最大、影响最广泛的原油期货合约共有两种：纽约商业交易所（NYMEX）的WTI（即西德克萨斯中质原油）期货合约（见表1）和伦敦国际原油交易所（IPE）的Brent（北海布伦特原油）期货合约（见表2）。

表1　纽约商业交易所WTI（即西德克萨斯中质原油）期货合约

项　目	内　容
商品代码	CL
交易时间	Globex：周日～周五：18：00～次日17：15（纽约时间），每日开盘前休市45分钟 公开喊价：周日～周五：9：00～14：30（纽约时间）
交易品种	WTI轻质低硫原油
合约规格	1 000桶（42 000美式加仑）
报价单位	美元/桶
最小报价单位	0.01美元/桶
涨跌限制	所有月份合约最初限幅为10.00美元/桶，但如果有任何一个合约在涨跌停板上的交易或出价达到5分钟，则停盘5分钟。之后，涨跌停板扩大10.00美元/桶。如果再次出现同样情况，停盘5分钟之后，涨跌停板再扩大10.00美元/桶

续表

项　目	内　容
最后交易日	近月合约在交割前月25日前的3个工作日停止交易。如果当月25日非工作日，需向前顺延至最近工作日。若合约上市后，合约前月25日被定为假期而原到期日非假日，则原到期日仍有效；若原最后到期日为假日，则向前顺延至最近工作日
上市合约	当年和后5年连续合约，并有后3年的6月和12月合约各3个
交割方式	实物交割，所有交割应当在整个交割月即当月的第一天至最后一天，均匀安排

表2　伦敦国际原油交易所的 Brent（北海布伦特原油）期货合约

项　目	内　容
商品代码	CO
交易时间	开盘：01：00（周日为23：00），收盘：23：00（伦敦当地时间）
交易品种	Brent 轻质低硫原油
合约规格	1 000 桶（42 000 美式加仑）
报价单位	美元/桶
最小报价单位	0.01 美元/桶
涨跌限制	无
最后交易日	近月合约前2月最后一个工作日
上市合约	当年和后5年连续合约，并有后3年的6月和12月合约各3个
交割方式	期转现（EFP）方式进行实物交割，亦可现金结算，结算价为最后交易日后一个交易日 Brent 指数报价

（二）迟来的期货，大大的作为

国内原油期货于2018年3月26日在上海期货交易所子公司上海国际能源交易中心挂牌交易。原油期货担负着期货市场国际化的重要历史使命，将在助力国内期货市场改革等方面发挥多重功能。

中国版原油期货上市，对国内众多的地炼企业来说，是一个重大利好。

近年来，随着原油进口资质的逐步放开，众多地炼企业获得了进口原油使用配额。最近两年，虽然原油价格处于相对低位，但其波动剧烈，1 个月内出现 20% 的涨跌比较普遍。目前，除了少数地炼企业参与国际原油期货交易外，大部分企业都没有通过国际期货市场对自身的原油头寸进行风险管理，只能被动地接受国际油价的剧烈波动。随着国内原油期货的上市，将会有越来越多的地炼企业参与到期货市场。

原油期货上市后，地炼企业的营利模式将逐步转化为在提高资金利用率前提下，尽可能降低自身的用油成本。炼油企业可以在国内原油期货市场买入一部分原油，锁定一部分用油成本，而且交割地点也在国内，运输也很方便。同时，可以每个月随行就市地开立仓位，规避油价大幅波动带来的生产不确定性。除了利用原油期货套保进行风险管理，地炼企业可以将自己的库存注册为仓单，再用仓单进行融资，这样可以大大提高企业的资金利用效率，这对资金占用一直较高的地炼企业来说意义重大。

相较于原油现货市场，原油期货具有以下几个特点：

一是低买卖差价。由于交投活跃，原油期货的买卖差价可低至 0.01 美元。

二是灵活性大。通过提供与现货市场相对应的期货合约，原油产业可以利用期转现和基差交易锁定价格以及安排生产，这样就可以更好地控制实物交易的时间。

三是小批量交易。期货交易为进行小批量交易提供了可能（1 000 桶的倍数），而现货市场数量标准较高。

四是高杠杆买卖。由于期货合约以保证金形式交易，且保证金只占合约总值的一小部分，这种低保证金高杠杆的特性，令买卖和对冲更具资本效应。

五是弹性交易时段。原油期货交易时段近 24 小时，投资者投资和交易更加便利，更有弹性。

六是高效率及透明度。稳健的交易系统及结算系统让客户及时掌握市场变动，实时价格可以通过主要的数据提供商得到，因此所有参与者均可实时了解原油价格变动情况。

（三）中国版期货的中国特色

其实，原油期货在中国市场并不是新鲜事物。早在1993年初，原上海原油交易所就曾推出过原油期货交易。后来由于原油产品一直实行政府定价，原油期货交易取消，一直搁置到现在。

上海国际能源交易中心上市的原油期货合约（见表3）体现了“国际平台、净价交易、保税交割”三个核心原则。“国际平台”主要是指搭建国际交易平台，引入境内外投资者，包括跨国石油公司、原油贸易商、独立炼油商、投资银行、基金等。“净价交易”指遵循国际惯例，报价不含关税、增值税，便于同国际其他原油期货市场横向比较，形成相互影响的价格。“保税交割”指采用保税油库实物交割，在目前国家政策允许的范围内，对国内原油市场供需提供补充渠道，以市场化运作反映中国乃至远东地区的原油供求关系。

表3　上海国际能源交易中心原油期货合约

项　目	内　容
交易品种	中质含硫原油
交易单位	1 000桶/手
报价单位	元（人民币）/桶（交易报价为不含税价格）
最小变动价位	0.1元（人民币）/桶
每日价格最大波动限制	上一交易日结算价±4%
合约交割月份	36个月以内，其中最近1～12个月为连续月份合约，12个月以后为季月合约
交易时间	上午9：00～11：30，下午1：30～3：00和上海国际能源交易中心规定的其他交易时间
最后交易日	交割月份前一月份的最后一个交易日；上海国际能源交易中心有权根据国家法定节假日调整最后交易日
交割日期	最后交易日后连续5个工作日

续表

项　目	内　容
交割品级	中质含硫原油，基准品质为 API 度 32，含硫量 1.5%，具体可交割油种及升贴水由上海国际能源中心另行规定
交割地点	上海国际能源交易中心指定交割仓库
最低交易保证金	合约价值的 5%
交割方式	实物交割
交易代码	SC
上市交易所	上海国际能源交易中心

考虑到国内原油现货市场条件不成熟，某些进口原油来源国贸易限制和地缘政治的不稳定性，上海国际能源交易中心推出的原油期货合约交割品种目前定为 7 种（见表 4）。

表 4　上海国际能源交易中心原油期货交割品种

国家	原油品种	API	含硫量（%）	升贴水（美元/桶）
阿联酋	迪拜原油（Dubai）	30	2.2	0
阿联酋	上扎库姆原油（UpperZakum）	33	2.0	0
阿曼	阿曼原油（Oman）	30	1.6	0
也门	马西拉原油（Masila）	31	0.8	+5
卡塔尔	卡塔尔海洋原油（QatarMarine）	31	2.2	0
伊拉克	巴士拉轻油（Basrah Light）	30.5	2.9	-5
中国	胜利原油（Shengli）	24	0.8	-5

（四）原油的“前世今生”

大致了解了原油期货之后，我们再来看看原油现货的情况。

目前，对于原油的形成有很多解释。主流的观点认为，原油是由远古海洋动物和微生物的尸体分解而成的。在远古海洋中，生活着很多水生动物，有的体型大，有的体型小，甚至还有很多浮游生物。当这些生物一代一代死去，它们的尸骸就沉积在海底，有的骨骼会变成化石。因为海洋中有很多盐分，所以这些生物身上的脂肪和蛋白质不能马上被降解，就像腌咸鱼一样，可以储存很长时间，再加上海底水压很大，经年累月，这些动物和微生物的尸体逐渐被压缩和液化，就变成了石油，存在于沉积岩中。

为什么很多陆地上也盛产石油呢？这都是地壳运动的结果。喜马拉雅山曾经就是海洋，更何况其他地方了。当今富产石油的中东、非洲和拉美地区，在几千万年前都是汪洋一片。所以，我们今天能用到各种石油制品，千万不能忘记那是远古海洋生物的奉献。在石油产地，我们随处可见“磕头机”，那是石油的主要开采设备，通过“磕头机”从油井中开采出未经加工的石油就是原油。由古代海洋生物经过漫长的演化形成的原油是不可再生资源；而由于地壳运动挤压在陆地产生的原油则是可再生的资源。

现代石油的历史始于 1846 年，当时生活在加拿大大西洋省区的亚伯拉罕·季斯纳发明了从煤中提取煤油的方法。1852 年波兰人依格纳茨·卢卡西维茨发明了从原油中提取煤油的方法。1853 年在波兰南部克洛斯诺附近开辟了第一座现代采油厂。这些发明很快就在全世界普及了。1859 年埃德温·德雷克在美国首次钻出了石油，1861 年在外高加索的巴库建立了世界上第一座炼油厂。随后，在北美和欧洲大陆掀起了石油开采的热潮，一座又一座炼油厂在采油区建立起来。当时，许多炼油厂同时向市场上推销各自的煤油产品，但质量差别很大。1870 年，石油大王约翰·洛克菲勒创立标准石油公司，通过兼并收购，不仅控制了美国的石油工业，而且把“触角”延伸到了世界各地。

20 世纪初，随着内燃机逐渐采用石油作为动力，石油工业获得迅猛发展，直到 70 年代的石油危机，人们才开始高度关注石油开采利用的有限性，并开始寻找和利用各种可再生的替代能源。但是，原油依然是目前人类利用的最重要能源之一，全球90%的运输能量是依靠石油获得的，绝大多数化工产品以原油作为基础原料。因此，当今世界的各种政治、经济和军事冲突，大多与占据石油资源有关。

根据不同的分类标准，可以进行以下分类：按组成分类，可分为石蜡基原油、环烷基原油和中间基原油；按硫含量分类，可分为超低硫原油、低硫原油、含硫原油和高硫原油四类；按比重分类，可分为轻质原油、中质原油、重质原油三类。

目前，国际原油市场常用分类的标准是按比重指数API°分类和含硫量分类。在压强为101325Pa下，60°F（15.6℃）原油与4°C纯水单位体积的质量比称为API°（API度）。按照国际通行的分类标准，超轻原油API>50，轻质原油34<API<50，中质原油20<API<34，重质原油10<API<20。但是，不同的国家和公司对密度的划分标准可能有所差异，现实中并不能完全机械地遵照这一标准，往往还要考虑定价基准等其他因素。

原油的含硫量是指原油中所含硫的百分比。硫对原油性质的影响很大，因为硫对管线有腐蚀作用，对人体健康有害。一般来说，原油中的硫含量占比较小。根据含硫量的不同，可以将原油分为低硫原油、含硫原油、高硫原油。低硫原油含硫量小于0.5%，含硫原油含硫量介于0.5%~2%，高硫原油含硫量大于2%（见表5）。

表5　国际原油的基本分类

按API°分类		按含硫量分类	
类别	API度	类别	质量百分比（%）
轻质原油	>34	低硫	<0.5
中质原油	20~34	中硫	0.5~2
重质原油	10~20	高硫	>2
特重质原油	<10		

国际原油主要品种中，北大西洋北海布伦特和尼尼安油田原油是轻质低硫原油。而伊拉克的巴士拉轻油、阿联酋的迪拜原油、卡塔尔的卡塔尔海洋油等中东原油是中质含硫原油。我国著名大庆油田的原油是轻质低硫原油，胜利油田是重质含硫原油。国际原油的主要交易品种见表6。

表6　　国际原油主要交易品种 API°

品　　种	API°	含硫量（%）	分类	交易所
西德克萨斯中级原油（WTI）	40	0.34	轻质低硫	NYMEX
北海布伦特原油（Brent）	38.2	0.39	轻质低硫	IPE
阿曼原油	34	1.16	中质含硫	DME
迪拜酸性原油	32	0.86	中质含硫	SGX
中东原油（迪拜和阿曼取平均值）	33	1.01	中质含硫	TOCOM
中质含硫原油	32	1.50	中质含硫	SHFE（即将上市）

国际原油在进行重量容积折算时是以桶来计量的，一般以全球平均API°的沙特34度原油为基准，每吨原油大约是7.3美制桶，每桶原油的体积约为159升。之所以如此，是因为世界上最早的两处打出工业油流的地方都盛产葡萄酒，而且在本国都很有名气。打出工业油流的人们不约而同地想到用葡萄酒桶存放刚打出来的原油。1870年，洛克菲勒成立标准石油公司，他们使用的是自己家族生产的葡萄酒木桶并且自立交货规格，1桶为42加仑。美国政府采用了英国商人和美国商人能共同接受的标准，即沿用洛克菲勒家族标准石油公司自行制定的标准，规定42加仑为1桶。这个标准的原油计量单位“桶”就成为至今全世界都采用的原油交易单位。

然而，“桶”主要还是欧佩克组织和英美等西方国家通常采用的计量单位，在中国和俄罗斯等国则是以重量计量，使用“吨”作为原油计量单位。因为各地出产的原油密度不尽相同，一桶原油的重量也不尽相同，大约为

128～142 公斤；1 吨原油等于 7.0～7.8 桶。

（五）原油的“孩子们”

说起石油，大多数人都会联想到汽车、飞机等交通工具的燃油。其实，石油也是生活用品的重要原料，我们身边的无数生活用品都是用石油直接或间接生产出来的。比如，我们去商场购物，从衣服标签看到的涤纶、腈纶、锦纶等面料，都是由石油生产的合成纤维。纺织中所使用的纤维有近3/4是化学纤维，而90%以上的化学纤维产品依赖于石油，所以想想看，我们一生要“穿”掉多少石油？答案多少有点令人难以置信，然而事实就是这样。石油还是制作化妆品的原料，含量较高的可达80%！石油精炼或合成出来的含蜡油、石蜡、香精、染料等，都可以用来制作化妆品。有兴趣的话，各位爱美人士可以留意一下自己所使用的化妆品成分表，看看里面到底含有哪些东西。目前，全球88%的原油被开采用作燃料，12%作为化工业的原料。

原油经过加工提炼，可以形成石油燃料、润滑油、沥青和溶剂四大类产品。包括汽油、柴油、煤油和燃料油在内的石油燃料是最大的原油产成品。润滑油和润滑脂的品种繁多，但其数量只占全部石油产品的5%左右。石油沥青是在生产燃料和润滑油时进一步加工得来的。石油溶剂则是有机合成工业的基本原料和中间体。此外，原油产品还可以为农业提供氮肥等化工原料（见图3）。

（六）原油生产国的“江湖地位”

根据英国石油公司（BP）统计，截至2015年底，全球原油探明储量为

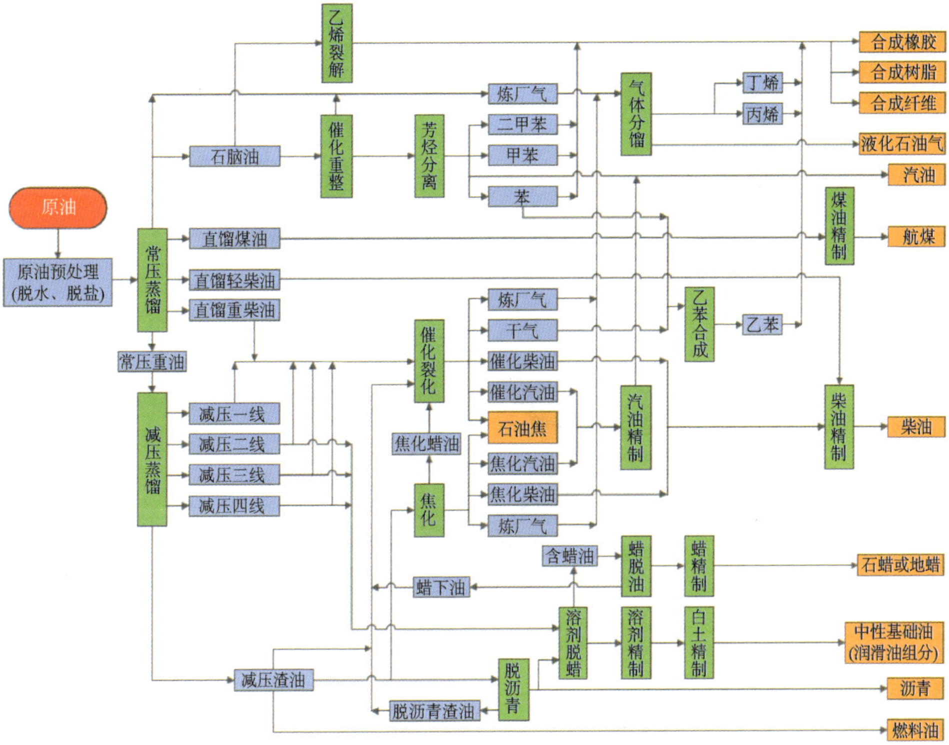

图 3　原油炼制加工流程示意图

1.700 1 万亿桶，足以满足 52.5 年的全球生产生活需要。中东地区占全球探明储量的 47.7%，其中，仅沙特阿拉伯的储量就占全球总储量的 16%。中国原油储量为 180 亿桶，全球排名第 14 名。但是，全球原油储采比最高的地区是中南美洲。委内瑞拉拥有全球最大的石油储量，它的原油储量比沙特阿拉伯还要多，差不多相当于伊朗和伊拉克两国储量之和，是俄罗斯的 3 倍。可悲的是，这个全世界石油储量最多的国家，因为石油资源而富裕，现在却因为石油价格大跌而陷入贫困当中，可谓“成也石油，败也石油”（见图 4、图 5、图 6）。

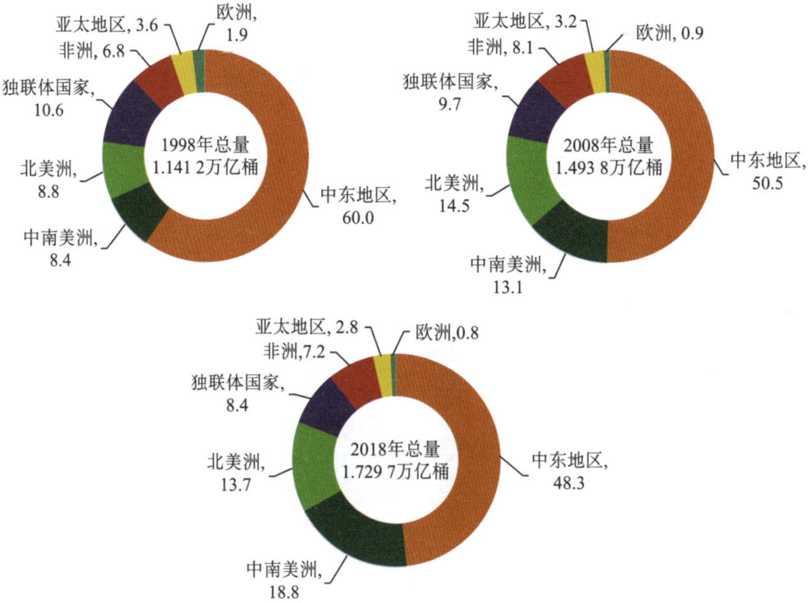

图 4　1998 年、2008 年、2018 年全球原油探明储量分布（%）

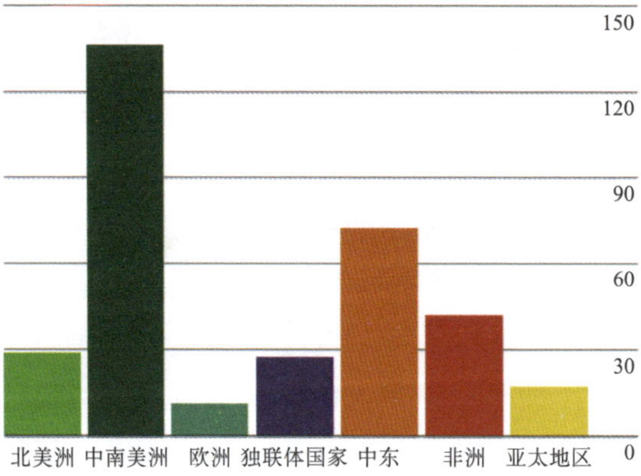

图 5　2018 年全球各地区原油储采比

资料来源：Wind。

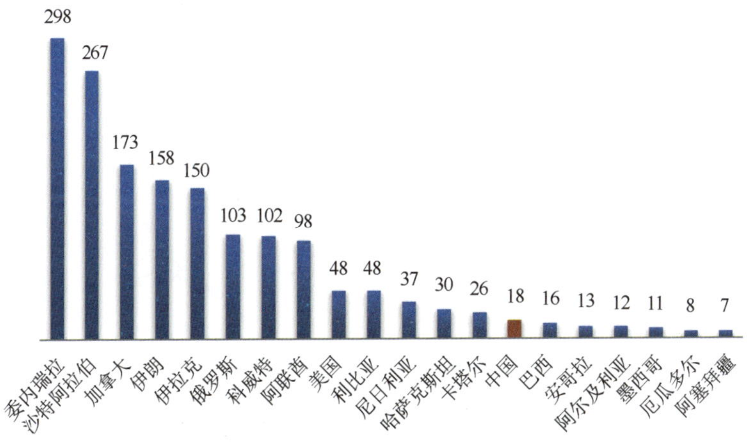

图 6　2018 年全球各国原油探明储量（10 亿桶）

资料来源：Wind。

事实上，美国次贷危机过后，全球原油产量一直呈现持续上升的态势。2018 年，全球原油产量达到 9 471.8 万桶/日，同比增加了 2.4%。其中，中东地区的产量占全球总量的 32%，北美洲占 21%，欧亚大陆占 20%，亚太、中南美洲和非洲占比均为 10% 左右。中东地区的原油产量一直处于首位，近几年更是增长迅速，拉大了与其他地区的差异。值得注意的是，北美地区产量因美国页岩油产量的提升，这两年迅速增加，仅次于中东地区。非洲地区产量受阿尔及利亚、安哥拉和利比亚拖累而有所下降，其他地区产量较为稳定。2018 年，新增原油产量主要来自非石油输出国组织（OPEC）国家。OPEC 国家产量平稳，中东 OPEC 国家的产量增长抵消了非洲相关国家的减产（见图 7）。

中东地区的原油储量巨大，原油产量和出口量很大，且地区剩余产能大，对油价调控能力很强，因此中东产油国国内局势一旦发生动荡或出现社会动乱，世界原油市场立竿见影就会受影响。如 2012 年初欧盟宣布将对伊朗实施

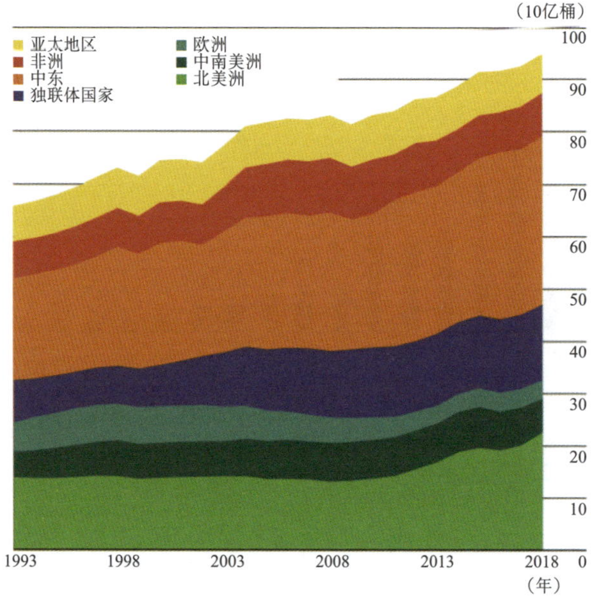

图 7　全球分地区原油历史产量（1993 ~ 2018 年）

制裁，国际原油价格立即出现大幅飙升。再如，2011 年利比亚战乱导致利比亚原来日产 160 万桶的原油供应一度几近停止，给世界油市带来冲击并导致油价飙升。为此，沙特阿拉伯迅速提高产量以弥补利比亚供应中断造成的空缺，对遏制世界油价进一步飙升起到了重要作用。

2016 年，《环球财经》评选了全球最富有的十大国家，分别是卡塔尔、卢森堡、新加坡、文莱、科威特、挪威、阿拉伯联合酋长国、美国、瑞士、沙特阿拉伯。究其根源发现，贫穷的国家各有各的原因，而富有的国家却有相同的因素，十大富有国家中，九个卖石油，还有一个“炒”油价。

全球供需的变化、可替代能源和价格是判断原油是否枯竭的三个基本因素。从全球供需的变化看，未来石油勘探朝着远海、深海、深层等方向发展，而预计 12 年内的世界能源需求将以每年接近 2% 的速度增长，而新兴国家在能源需求增长中占据相当大的比重，“金砖四国”的需求增长占到全球份额的 80%，而发达国家的能源消费量将趋于平稳，新技术提高能源利用率等将起到遏制需求的作用。在替代能源方面，美国的页岩气革命，将目标瞄准了蕴藏于页岩石中的油气资源，预计将极大地增加美国未来几个世纪的可开采油气资源总量。此外，煤炭、天然气、风电、水力等替代能源的利用也将影响原油的消耗速度。价格上，高油价将在一定程度上抑制原油开采，激励新能源研发；相反，低油价则可能加速原油储量消耗。

（七）“滚滚”原油流向何方

2016 年初，世界再次陷入一场石油大战。伊朗重新回归石油市场，开始向欧洲出口石油。这个以前的世界第二大原油生产国，正在以低价发起有力的攻击，这恰恰就是伊朗加入世界石油大战的信号。随着伊朗加入石油战，油价继续下降，石油价格战甚至可能改变中东的秩序。对石油大国而言，这场大战只有输家，而赢家则是石油消费大国。

2010 年以来，全球原油消费量持续上涨。随着全球经济日益增长和汽车保有量的持续攀升，全球原油消费量继续呈现上升的态势。全球原油消费主要集中在亚太地区、北美洲、欧洲及欧亚大陆，2015 年这 4 个地区的原油消费量合计占全球原油消费量的 78.6%，这主要是因为这些地区的经济发展及人口稠密形成了一个“聚油盆”，需求使原油缓缓流入。分地区来看，亚太是需求最大的消费区，需求量占比 34%，其次是北美和欧亚大陆，分别占比 24% 和 21%。

从各国消费情况来看，2018 年“滚滚”原油流向的“聚油盆”规模大小依次是美国、中国、日本和印度。而印度媒体 The Nation 文章称，埃克森石油公司以前的广告词“把一只老虎放进你的坦克里”正在印度变为现实，印度的汽车司机们正在这么做。不断飙升的能源需求使拥有近 13 亿人口的印度开始成为全球的原油消费大国。在不久的将来，印度的原油消费规模有望超过日本，成为全球第三大“聚油盆”（见图 8、图 9）。

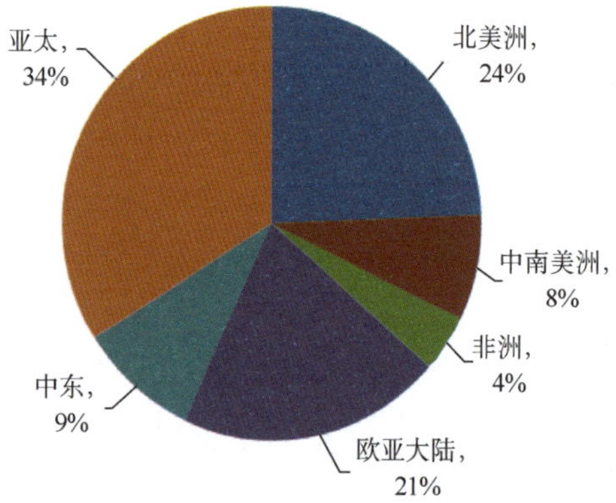

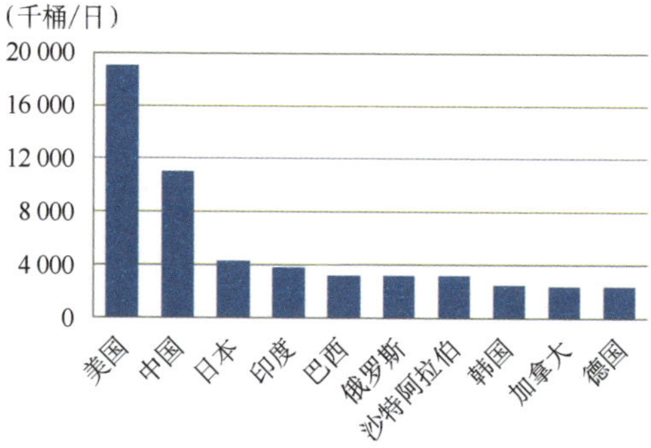

图 8　2018 年全球原油消费量分布　　图 9　2018 年全球原油消费量前 10 位国家

资料来源：Wind。

BP 数据显示，2018 年全球国际贸易占原油消费的 62% 左右。其中，超过一半的石油贸易量增长源自中国，而中国的石油净进口量增长 7%。

原油的洲际运输一般使用油轮，油轮的载重量从几万吨到几十万吨不等。陆上多用管道，美国的原油管道网相当发达。短途运输有时也用铁路和公路。

目前世界上主要有四条油运航线，分别是

（1）波斯湾—西欧、北美航线：它是西欧、北美原油消费区的主要供油航线，年运量最高曾达 6 亿吨。

（2）波斯湾—中国、日本航线：它是日本的主要供油航线，年运量高达 1 亿吨以上。

（3）波斯湾—西欧航线：它主要是为西欧供油的航线，部分原油亦输往北美，其与波斯湾—西欧、北美航线的主要区别是经苏伊士运河和地中海穿直布罗陀海峡抵达西欧和北美，不绕道好望角，采用 15 万吨级以内的油船运输。

（4）墨西哥—日本航线：它是日本的另一条主要供油航线。其一是经巴拿马运河，穿越太平洋抵达日本，使用的油船尺度受巴拿马运河尺度限制，通常在 6 万吨级以下；其二是从墨西哥的西海岸起航，沿北太平洋抵达日本。

此外，还有如下一些运程较短的海上油运航线，如西非—北美、南美航线；北非—西欧航线；黑海—地中海航线；波斯湾—澳、新航线；阿拉斯加—美国东海岸航线；墨西哥湾—加勒比海航线；东南亚、中国—日本航线等。

（八）活学活用原油期货

1. 原油期货套利

案例

6月份，基金经理王坤一直在跟踪纽约商业交易所WTI原油期货的上涨行情。经过分析，他发现WTI原油期货9月合约和11月合约的价差过大。这显然是一个很好的牛市套利机会，怎么能放着钱不捡呢？于是，他通过外盘通道进行了期货操作。具体操作情况如表7所示。

表7　原油期货套利（一）

时　间	期货操作		价　差
7月1日	买入100手9月原油期货合约，价格：90美元/桶	卖出100手11月原油期货合约，价格：96美元/桶	6美元/桶
8月1日	卖出100手9月原油期货合约，价格：96美元/桶，盈利6美元/桶	买入100手11月原油期货合约，价格：100美元/桶亏损4美元/桶	4美元/桶
结果	净盈利2美元/桶		

从王坤的操作可以看出，在正向市场上，也就是现货价格低于期货价格或近期月份合约价格低于远期月份合约价格的时候，价差是否缩小决定了该套利是否成功。如果是在反向市场中操作，价差缩小对套利者就是有利的。

案例

有一段时间，基金经理王坤发现单方面在期货市场投机的机会越来越少。由于旗下管理的资金较大，他认为有必要把一部分资金配置到国外市场，在更大范围内寻找更多的盈利机会。例如，当纽约商业交易所的 WTI 原油期货与伦敦国际石油交易所的 BRENT 原油期货的价差小于合理水平时，可以在买入 WTI 原油合约的同时卖出 BRENT 原油合约，待两个市场价格关系恢复正常时再将合约对冲平仓并从中获利；反之亦然。他的这一想法得到了公司投资决策委员会的认可和支持。7 月 1 日，王坤发现纽约商业交易所的 WTI 原油 11 月合约价格为 93 美元/桶，而伦敦国际石油交易所的 BRENT 原油 11 月合约价格为 108 美元/桶，二者价差达到 15 美元/桶，他认为存在套利空间，其价格差将会扩大。于是他买进 10 手 BRENT 原油期货合约，卖出 10 手 WTI 原油期货，以期在将来某个有利时机同时平仓获取利润。具体操作情况如表 8 所示。

表 8　原油期货套利（二）

时　间	期货操作		价　差
7 月 1 日	买入 10 手 11 月 BRENT 原油期货合约：108 美元/桶	卖出 10 手 11 月 WTI 原油期货合约，价格：93 美元/桶	15 美元/桶
8 月 1 日	卖出 10 手 11 月 BRENT 原油期货合约：109 美元/桶，盈利 1 美元/桶	买入 10 手 11 月 WTI 原油期货合约，价格：92 美元/桶，盈利 4 美元/桶	17 美元/桶
结果	净盈利 2 美元/桶		

通过王坤的操作不难发现，跨市套利的核心操作要诀在于：如果两个市场之间的预期价差缩小，则买入低价合约，卖出高价合约；反之，则买入高价合约，卖出低价合约。

基金经理王坤的一个朋友向他咨询，如果在期货市场上投入的资金量不大，并且市场又没有走出特别明显的牛、熊市行情，那么究竟该怎么操作。王坤就给这位朋友推荐了跨商品套利交易，并且详细介绍了跨商品套利的具体模式。跨商品套利是指利用两种不同但相互关联的商品之间的期货合约价格差异进行套利交易，即买入某一交割月份商品期货合约，同时卖出另一相同交割月份、相互关联的商品期货合约，以期在有利时机同时将两种合约对冲平仓获利。跨商品套利必须具备三个条件：一是两种商品之间应具有关联性与相互替代性；二是交易受同一因素制约；三是买进或卖出的期货合约通常应在相同的交割月份。

跨商品套利具体可分为相关商品间的套利和原料与成品间的套利。相关商品间的套利，比如燃料油、取暖油、天然气等相关商品间存在一定的合理价差，当价差脱离了它们之间的合理价差时，就出现了套利空间。原料与成品间的套利，是利用原材料和它的制成品之间的价格关系进行套利。最典型的是原油与成品油之间进行的套利。正常情况下，作为原材料的原油和其炼制品成品油之间存在一定的价格差异，当这种价格差异偏离了正常范围时，就可以进行原油与成品油之间的套利。如果预期价差缩小，跨商品套利操作就买入低价合约，卖出高价合约。

2. 原油期货套期保值

6 月份，胜利石油公司总经理田原发现当月的原油价格为 100 美元/桶，有利于公司经济效益提升，因此他指示公司扩大在海外投资油田的原油开采量。不过，他也很担心现货市场上的过度供给会使得原油价格下跌，从而减少收益。最终，为了避免将来原油价格下跌和公司开采规模扩大带来的风险，田原指示公司投资经理在纽约商业交易所卖出 WTI 原油期货合约进行套期保值。其交易和损益情况如表 9 所示。

表 9　套期保值（一）

时　间	现货市场	期货市场	基　差
6 月 22 日	原油价格 100 美元/桶	卖出 10 手 10 月 WTI 原油期货合约，价格：105 美元/桶	-15 美元/桶
8 月 22 日	卖出 10 000 桶原油，价格：90 美元/桶 亏损 10 美元/桶	买入 10 手 10 月 WTI 原油期货合约，价格：95 美元/桶 盈利 10 美元/桶	-15 美元/桶
套保结果	净盈利/亏损 0		

通过这一套期保值交易，虽然现货市场出现了对该石油公司不利的价格变动，价格下跌了 10 美元/桶，公司的原油开采收入减少了 100 000 美元，但是在期货市场上的交易盈利了 100 000 美元，从而消除了现货市场原油价格变动对公司收入的不利影响。

案例

8 月份，大庆炼油厂总经理章成和当地一个原油分销商负责人王浩签订一份合同，约定在 10 月份给王浩的公司供应一批货。章成根据当时的 WTI 原油期货价格 105 美元/桶，给王浩提出了固定交易价格。但是，炼油厂当时并没有货，也没有用于提炼的原油货源保证或定价。为了锁定成本从而锁定利润，章成决定进行原油期货交易。交易情况如表 10 所示。

表 10　套期保值（二）

时　间	现货市场	期货市场	基　差
8 月 22 日	原油价格 90 美元/桶	买入 10 手 11 月原油期货合约，价格：95 美元/桶	-5 美元/桶
10 月 22 日	买入 10 000 桶原油，价格：95 美元/桶 亏损 5 美元/桶	卖出 10 手 11 月原油期货合约，价格：105 美元/桶 盈利 5 美元/桶	-5 美元/桶
套保结果	净盈利/亏损 0		

通过这一套期保值交易，虽然现货市场价格出现了对该炼油厂不利的变动，在现货市场上损失了 50 000 美元，但他在期货市场上的交易盈利了 50 000 美元，从而消除了价格不利变动的影响。

案例

8 月份，一个炼油厂和当地分销商签订了一份远期合约，同意在 10 月份供应一批货。炼油厂根据当时的 WTI 原油期货价格 105 美元/桶，给分销商提出了固定价格。炼油厂目前并没有货，也还没有用于提炼的原油的货源保证或定价。为了锁定成本从而锁定利润，该炼厂套保负责人老张决定进行原油期货交易。交易情况如表 11 所示。

表 11　　套期保值（三）

	现货市场	期货市场	基差
8 月 22 日	原油价格 90 美元/桶	买入 10 手 11 月原油期货合约，价格：95 美元/桶	-5 美元/桶
10 月 22 日	买入 10 000 桶原油，价格：95 美元/桶 亏损 5 美元/桶	卖出 10 手 11 月原油期货合约，价格：100 美元/桶 盈利 5 美元/桶	-5 美元/桶
套保结果	净盈利/亏损 0		

通过这一套期保值交易，虽然现货市场价格出现了对该炼厂不利的变动，该炼厂在现货市场损失了 50 000 美元，但是在期货市场上的交易盈利了 50 000 美元，从而消除了价格不利变动的影响。

做功课

延伸阅读：石油危机

石油危机（Oil Crisis）是指世界经济或各国经济受到石油价格剧烈变化

所产生的经济危机。迄今被公认的三次石油危机，分别发生在 1973 年、1978 年和 1990 年。

第一次石油危机（1973 年）：1973 年 10 月第四次中东战争爆发，为打击以色列及其支持者，石油输出国组织的阿拉伯成员国当年 12 月宣布收回石油标价权，并将其原油价格从每桶 3.011 美元提高到 10.651 美元，使油价猛然上涨了两倍多，从而触发了第二次世界大战之后最严重的全球经济危机。持续三年的石油危机对发达国家的经济造成了严重的冲击。在这场危机中，美国的工业生产下降了 14%，日本的工业生产下降了 20% 以上，所有的工业化国家的经济增长都明显放慢。

第二次石油危机（1978 年）：1978 年底，世界第二大石油出口国伊朗的政局发生剧烈变化，伊朗亲美的温和派国王巴列维下台，引发第二次石油危机。此时又爆发了“两伊”战争，全球石油产量受到影响，从每天 580 万桶骤降到 100 万桶以下。随着产量的剧减，油价在 1979 年开始暴涨，从每桶 13 美元猛增至 1980 年的 34 美元。这种状态持续了半年多，此次危机成为 20 世纪 70 年代末西方经济全面衰退的一个主要原因。

第三次石油危机（1990 年）：1990 年 8 月初伊拉克攻占科威特以后，伊拉克遭受国际经济制裁，使得伊拉克的原油供应中断，国际油价因而急升至 42 美元的高点。美国、英国经济加速陷入衰退，全球 GDP 增长率在 1991 年跌破 2%。国际能源机构启动了紧急计划，每天将 250 万桶的储备原油投放市场，以沙特阿拉伯为首的欧佩克也迅速增加产量，很快稳定了世界石油价格。

此外，2003 年国际油价也曾暴涨过，原因是以色列与巴勒斯坦发生暴力冲突，中东局势紧张，造成油价暴涨。几次石油危机对全球经济造成严重冲击。

推荐阅读

书名：《原油阳谋论》

作者：佘建跃

出版社：机械工业出版社

简介：原油是重要的大宗商品之一，号称大宗商品之王。一直以来，原油阴谋论都十分流行，油价受操纵的观点十分普遍，但缺乏完整的逻辑分析框架和充分的论据支撑。本书以此破题，旨在为读者呈现更具逻辑性的油价观点，并帮助读者建立更加理性和阳光的油价分析思维。根据作者自身多年的从业经验，本书结合历史数据和经济学相关理论，从原油的地缘属性、金融属性出发，构建符合原油价格逻辑的油价分析框架，为读者提供实用的油价分析方法和交易策略。本书实用性较强，是原油期货交易员、分析师以及关心原油的人士必读之书。

书名：《国际石油贸易实用攻略》

作者：郑兴扬，张彤

出版社：石油工业出版社

简介：本书较为系统性地介绍了国际石油贸易的市场结构、价格体系、交易方式等基础知识，介绍了当前国际上较为流行的风险控制方法及理论，也包括近年来中国市场的最新变化。

塑料

（一）塑料期货保驾护航实体企业

老杨是一家农膜生产企业的负责人，其生产加工的主要原料是 LLDPE。由于这个企业是订单式生产，订单谈妥时，价格也就确定了。这让老杨反而犯难了，因为他是小本经营，客户谈订单时也未全额付款，只是交了部分订金。在成品价格锁定后，如果遇到原料价格合适，他并没有足够的资金去一次性买够原料；如果陆续采买，遇到价格上涨，其利润就会受到挤压，有时候控制不好原料成本就会亏损。究竟怎么解决这个难题呢？巧的是，老杨的儿子小杨正好接触了期货，就给老爸支了一招，利用塑料期货锁定成本。

老杨在 2016 年 9 月初接到 2016 年 12 月的农膜订单，当时 LLDPE 现货价格为 9 000 元/吨。老杨凭借多年经验并经过认真分析，认为当时原材料的价格比较合理，但是接下来是农膜的订单旺季，原料价格可能会上涨。为了规避原料大幅上涨农膜利润压缩的不利情况，老杨接受小杨的建议，决定在期货市场进行买入套保操作。2016 年 9 月 22 日，企业以 8 600 元/吨的价格买入 L1701 合约 40 手（200 吨）。按照生产计划，产品安排在 11 月投料生产，企业从贸易商手里以 9 800 元/吨的价格买入 LLDPE 现货 200 吨，同时以 9 750 元/吨的价格对冲平仓 L1701 合约 40 手，完成了此次套期保值交易（见表 12）。

表 12　LLDPE 买入套期保值操作策略

时间	现货市场	期货市场	基差
2016 年 9 月 22 日	现货价格为 8 800 元/吨	以 8 600 元/吨价格买入 40 手 L1701 合约	200
2016 年 11 月 22 日	以 9 800 元/吨价格买入 LLDPE 现货 200 吨	以 9 750 元/吨价格平仓卖出 40 手 L1701 合约	50
盈亏	(8 800 − 9 800) × 200 = − 200 000（元）	(9 750 − 8 600) × 40 × 5 = 230 000（元）	基差走弱

从以上交易可以看出，如果企业不进行期货操作，在购买原料现货时，价格比两个月前高了 1 000 元/吨，成本支出多了 20 万元。但由于进行期货买入套保操作，期货价格上涨使得期货账户盈利 23 万元，除了弥补成本端的亏损 20 万元以外，整体还略有利润。也就是说，通过此次买入套期保值操作，该企业不仅成功锁定了原材料成本，还获取了额外收益，相当于以 8 650 元/吨的价格购买 LLDPE 原材料。

（二）无处不“膜”的线性低密度聚乙烯（LLDPE）

对于老杨来说，他对塑料再熟悉不过，凭借在塑料行业的多年打拼，对行情判断也相当老道，在做期货套保时得心应手。但是，对于行业外的一般人，虽然日常生活中经常接触到塑料，但深究其所以然并不知道多少。因此，有必要详细了解塑料的来龙去脉，这样在以后的行情分析中将会受益匪浅。

塑料，我们每一个人从小到大都会接触到，小到塑料袋、奶瓶、饮料瓶、饭盒、保鲜膜，大到农膜、家具、电器、3D 打印，甚至火箭、导弹，塑料无处不在。我们一生中，甚至每一天，究竟接触了多少种不同的塑料？还是让我们来认识一下活跃在期货市场中的这些塑料家族的核心成员。目前来看，塑料家族主要是线型低密度聚乙烯（LLDPE）、聚丙烯（PP）和聚氯乙烯（PVC）三兄弟，线型低密度聚乙烯是其中应用最广泛的一个。

1. 撞出来的 PE 和崭露头角的 LLDPE

说到线性低密度聚乙烯，这名字听起来有点晦涩，但生活中处处存在，比如保鲜膜等。它是聚乙烯（PE）大家族的一部分，话说聚乙烯的历史可以追溯到 20 世纪 30 年代，当时全球经济大萧条，化工公司急需新的“拳头产品”推向市场，以便摆脱经济困境。同时，科技新发现像雨后春笋，比比皆是，但很多发现都是“撞”上的。很多公司的实验室都是四处撒网，希望捕到“大鱼”，英国的帝国化学公司也不例外。1933 年 3 月 24 日，帝国化学公司的两个化学家 E. W. Fawcett 和 R. O. Gibson 共同开展了几十个实验，把可能的基本有机物质放在一起，设定各种反应条件，尤其是高温高压，希望“撞上”一个重大发现。其中一个容器里是乙烯气体和苯甲醛，压力是 1 700 个大气压，温度是 170℃。过了几天，预期的反应没有发生，但是容器底部有一些白色的蜡状粉末。这些蜡状粉末就是乙烯的聚合物，聚乙烯就这样意外地诞生了。第二次乙烯聚合到 1935 年才实现，尽管实验器材在高温高压下发生泄漏，实验还是获取了少量聚乙烯。这期间，科学家们发现，聚乙烯具有极好的化学稳定性，防水、无异味、耐酸、耐碱，尤其出色的是其绝缘性。

这时，第二次世界大战的阴云已经笼罩在欧洲上空。聚乙烯出色的绝缘性能被寄予很大希望，尤其是用于潜艇通信设备或雷达的电缆绝缘，聚乙烯的性质和生产也成了机密。帝国化学公司根据实验室里合成的 8 克聚乙烯，毅然决定建立一个年产 100 吨的聚乙烯厂，产量就是根据潜艇部队的需要确定的。1939 年 9 月 1 日，该公司的聚乙烯厂投产。同一天，德国入侵波兰。由于阴差阳错的原因，潜艇没有用上聚乙烯，但聚乙烯绝缘用于反潜飞机的机载雷达，在大西洋海战中，为猎获德国潜艇立下了汗马功劳。从此，聚乙烯开创了现代塑料工业。

聚乙烯（PE）是五大合成树脂之一，其产量占世界通用树脂总产量的40%以上，是我国合成树脂中产能最大、进口量最多的品种。目前，我国是世界最大的聚乙烯进口国和第二大消费国，这一点从我们身边随处可见的塑料产品就不难得知。聚乙烯主要分为线型低密度聚乙烯（LLDPE）、低密度聚乙烯（LDPE）、高密度聚乙烯（HDPE）三大类。

LLDPE 在 20 世纪 70 年代由 Union Carbide 公司工业化，它代表了聚乙烯催化剂和工艺技术的重大变革，使聚乙烯的产品范围显著扩大。LLDPE 用配位催化剂代替自由基引发剂，以及用较低成本的低压气相聚合取代成本较高的高压反应器，在比较短的时间内，便以其优异的性能和较低的成本，在许多领域替代了 LDPE。目前 LLDPE 几乎渗透到所有的传统聚乙烯市场，包括薄膜、模塑、管材和电线电缆。LLDPE 产品无毒、无味、无臭，呈乳白色颗粒，与 LDPE 相比具有强度高、韧性好、刚性强、耐热、耐寒等优点，还具有良好的耐环境应力开裂、耐撕裂强度等性能，并可耐酸、碱、有机溶剂等。

2. LLDPE 来源多样化

生活中各处充斥的这些薄膜和管材制品都来自哪里呢？我们首先从统计数据上来了解一下。单就国内市场来看，2019 年聚乙烯产能达到 1 915 万吨，年产量 1 800 万吨以上，开工率 95% 左右。从生产企业来看，主要集中在中石油与中石化两大集团，油化工产能占比约 70%；还有部分煤化工与地方企业的产能。从产能分布地区看，广东地区产能占总产能的 16. 3%，东北地区占 19. 6%，华东地区占 14. 7%，华北地区占 12. 0%，西北地区占 28. 2%。其中，西北地区主要依托丰富的煤炭资源，以煤制烯烃为生产工艺。

我国的 LLDPE 生产主要采用的是美国联碳公司气相法和 BP 公司气相法工艺。经过近年来的大力改造，我国的 LLDPE 生产技术有所提高，但产品仍是通用的多，专用的少；技术含量低、附加值低的多，技术含量高、附加值高的少；老产品多，新产品少。但是，我国开发出了煤制烯烃的工艺路线，其利润空间较大。有利润的地方就有生产，所以这种工艺出现以后，很快就获得市场的认可。大西北因为煤炭资源丰富，自然而然也就成为 LLDPE 的主要产区。

放眼全球，聚乙烯的产能扩大速度也是不容小觑的。2010 年世界聚乙烯产能约 9 828 万吨，2019 年达到 13 814 万吨，年均增速 4% 左右。世界 LLDPE 产能主要集中在北美、亚洲、西欧和中东地区。其中，中东是产能增长最快的地区。分国家看，美国、沙特阿拉伯、加拿大、中国和新加坡位居世界产能的前 5 名，这 5 个国家产能之和约占世界总产能的 50%（见图 10）。

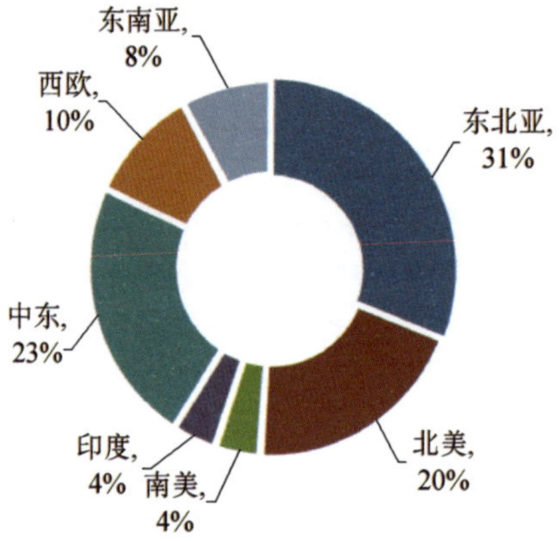

图 10　2016 年世界主要地区 LLDPE 产能比例

3. LLDPE 流向何方

2019 年，我国 PE 表观消费量达 3 473 万吨，同比增长 14%。其中，HDPE 消费量为 1 561 万吨，同比增长 15%；LDPE 消费量为 666 万吨，同比增长 18.6%；LLDPE 消费量为 1 270 万吨，同比增长 12.9%。可以看出，三种 PE 的消费中，LDPE 增速最快，HDPE 次之，而 LLDPE 增速相对较慢。由于国内市场需求强劲，而前几年国内产能明显不足，我国 LLDPE 进口较多，但随着国内产能的快速扩张，目前我国 LLDPE 对外依存度明显下降（见表 13）。

表 13　2015～2019 年我国 LLDPE 供需平衡表　（单位：万吨）

年份	产量	进口量	出口量	表观消费量
2015	1 351	987	26.9	2 310
2016	1 502	994	29.8	2 466
2017	1 584	1 180	24.5	2 740
2018	1 663	1 402	22.7	3 042
2019	1 839	1 660	26.7	3 473

资料来源：Wind。

我国 PE 主要消费领域是薄膜（包括农膜），占其总消费量的 75%～80%，其他应用领域，如注塑、涂层制品及电线电缆等，占 20%～25%。在薄膜消费领域中，包装膜所占比重最大，约在 70%；农膜约为 30%。包装薄膜是 LDPE/LLDPE 最大的应用领域，主要有扭结包装膜，收缩包装膜，缠绕包装膜，贴体包装膜，充气包装膜，高阻透性膜（阻气、阻光等），高耐热性膜，选择渗透膜，保鲜膜，抗菌膜等。

我国 LLDPE 消费具有明显的地域性，主要集中在以辽宁、河北、山东、北京、天津等省市形成的“环渤海湾消费区”，以安徽、江苏、浙江、上海等省市形成的“长三角消费区”和以广东、深圳等省区形成的“珠三角消费区”，呈南北并进之势，南部略重。从区域上看，华南地区居第一位，占比约 22.9%；其次为华北地区，占比在 22.4%；再次是华东地区，占比在 19.2%；东北地区占比达 14%；其余地区占比在 21.5%。从增速来看，西北地区是消费增长最快的地区，但由于中西部地区交通状况和经济基础的局限性，目前这种地域分布状况在短时间内还是很难改变的。

近年来，随着我国 LLDPE 产能扩张，进口量增速放缓，进口依存度呈下降趋势，2019 年进口依存度在 40% 左右。随着国内新产能的继续释放，LLDPE 进口增速将持续下滑，但由于国内消费增长加快，今后相当一段时期内，我国进口绝对量将维持较高水平。2019 年我国 LLDPE 进口总量约 520 万吨，进口国家和地区主要集中在沙特阿拉伯、新加坡、泰国等，其中从沙特阿拉伯进口约 130 万吨，占比 25%，从新加坡进口 96 万吨，占比 18%（见图 11）。

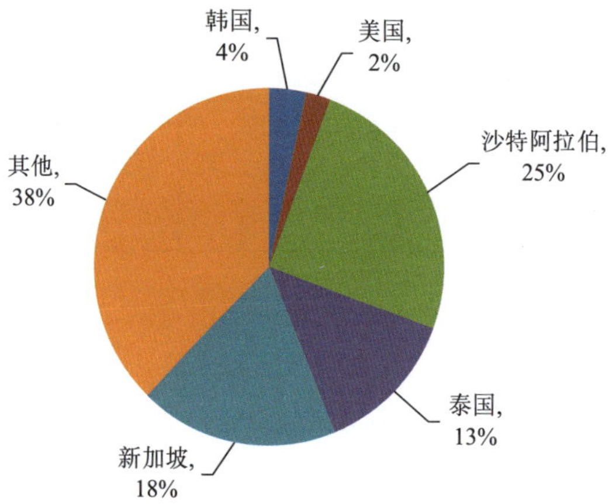

图 11　2019 年我国 LLDPE 主要进口国家（地区）进口量比例

4. LLDPE 价格波动影响因素多

了解了 LLDPE 的来龙去脉，并不能完全掌握其价格变动。LLDPE 的价格随时会发生变化，影响其价格变动的因素很多。

无论是上游生产厂家还是下游消费环节的厂家，价格波动会明显影响其利润，因此厂家会格外关注 LLDPE 的价格波动，试图找到影响因素。总的来说，LLDPE 产业链包括“原油—石脑油—乙烯—LLDPE”及“煤炭—甲醇—乙烯—LLDPE”这两大类，一种是以原油为源头，一种是以煤炭为源头。因此产业链的上游环节直接影响 LLDPE 的价格。

（1）原油与煤炭价格波动。由于原油是 LLDPE 的重要生产原料，因此国际原油价格的变化会影响 LLDPE 的价格。LLDPE 市场价格理论上滞后于原油价格，但目前滞后时间越来越短。特别是在低油价背景下，原油价格对 LLDPE 价格影响将出现弱化。另外，石脑油和天然气价格的波动对 LLDPE 价格也有一定的影响，但因石脑油仍然是由原油加工而来，归根到底其价格取决于原油市场价格。不过，近年来天然气液体在乙烯生产中所占比重逐年上升，随着比重的加大，未来其对乙烯价格及对 LLDPE 价格的影响将相应加大。另外，随着近几年煤化工工艺的兴起，煤炭价格也成为重要的影响因素。目前国外基本是油化工，国内 80% 的装置为油化工工艺，此外还有部分煤化工装置。

（2）乙烯的供求。从上述两种产业链可以看出，乙烯聚合生成 LLDPE，因此乙烯的产能、产量、贸易情况及亚洲地区价格等都会对 LLDPE 的市场价格产生直接影响。一般来讲，LLDPE 价格是随着乙烯价格涨跌而涨跌，偶尔也会出现乙烯价格高于 LLDPE 的情况，其结果可能造成部分装置停工。

（3）LLDPE 的产能产量。由于 LLDPE 采用连续性生产，在生产企业每年停产检修设备期间，将对 LLDPE 供应方面带来影响，而受供应量和需求量的变化影响，该地区 LLDPE 价格也会相应变化。另外，LLDPE 的生产工艺以及每月、季、年度的 LLDPE 产量变化，都会对其市场价格产生影响。

（4）国际贸易价格。我国 LLDPE 仍处于供不应求阶段，对外依存度在 40% 左右，因此海外价格对国内 LLDPE 也有影响。目前我国从中东等地进口量较多，这是因为中东地区是世界最大的 LLDPE 生产地，该地区拥有丰富的原油和天然气资源，原料成本较低，较美国、新加坡、西欧等国家和地区存在明显的成本优势。另外，我国 LLDPE 人民币市场变动及汇率的变动，对从国外进口的 LLDPE 价格也有着最直接的影响。

（5）下游需求变化。下游消费量增长而供应不足时将会使市场价格上升，下游消费减弱而上游供应充足时市场价格将下降。另外，像棚膜、地膜等部分下游产品对 LLDPE 的消费需求带有明显的季节性，上半年 3～5 月、下半年 9～11 月通常是这类农膜的消费旺季，需求旺盛一般会推高 LLDPE 的价格。

（6）替代产品。聚乙烯三兄弟（LLDPE、LDPE、HDPE）虽然在性能上有一定的差异，但是很多情况下还是具有替代性的，这时候性价比高的产品会比较受欢迎。比如，当 LLDPE 市场价格较高而替代产品如 LDPE 或 HDPE 价格相对较低时，会导致 LLDPE 需求变少而价格走低；反之，当 LLDPE 性价比较高时，对其他产品具有替代性，那么 LLDPE 的需求会增加，从而价格也会水涨船高。

（7）产品库存变化。库存的变化也会影响 LLDPE 的市场价格，如地区库存量升高，贸易商愿意出货，价格会走低；地区库存量不足，贸易商囤货，将推动价格走高。

（8）宏观经济形势。宏观经济主要是通过影响下游产业的需求，进而影响 LLDPE 市场变化，换言之，宏观经济表现是 LLDPE 市场需求的晴雨表，对其价格变动有重要影响。宏观经济运行统计数据表明，LLDPE 价格增长与 GDP 增长有一定的弹性比例关系，即当经济增长率达到 8% 以上时，农业、建筑业、包装业、电子、汽车制造业等相关行业对 LLDPE 的需求较为强劲，因而对 LLDPE 市场支撑力较大，其价格也一般在较高位运行。

（三）随处可见的聚丙烯（PP）

1. 宅男宅女的“新宠”——PP

说到聚丙烯，是不是感觉有点耳熟？我们上边介绍的是聚乙烯（PE）以及下属的线性低密度聚乙烯（LLDPE），现在介绍的是聚丙烯（PP），这二者属于不同的物质，但是生产路线相似，部分场合也有具有替代性。如果说 LLDPE、LDPE、HDPE 是属于 PE 下的三兄弟，那么 PP 则是与 PE 地位相当的兄弟。严格来说，聚丙烯（PP）属于热塑性树脂，是五大通用树脂之一。外观为白色粒料，无味、无毒，由于晶体结构规整，具备易加工、抗冲击强度、抗挠曲性以及电绝缘性好等优点，在汽车工业、家用电器、电子、包装及建材家具等方面具有广泛的应用。

PP 是一种很会讨好人的塑料，它与微波炉的组合改变了以往单一的方便面加火腿肠的方式，解决了宅男宅女的饮食问题，成为他们的“新宠”。由于耐热性的问题，多数 PP 产品中都加入了抗氧化剂，因此，在高温条件下，油性溶剂可能通过渗透作用把这些小分子抽提出来。所幸的是，在 130℃ 的温度以下，PP 塑料则相当安全。所以用 PP 容器进行微波炉加热时，不宜高火长时间加热，也不要用滚热的油直接倒在容器中。

PP 在食品方面的应用超过了其他任何塑料。除了容器，还有软包装中的双向拉伸 PP 薄膜（BOPP），比如香烟盒最外层的薄膜便是这种塑料。此外，目前新建小区通常使用的家用水管推荐或强制使用 PPR 管，同样也是聚丙烯材料。除了安全性考虑之外，还因为它具有热熔的特点，易于加工。但是，PP 的缺点是耐低温冲击性差，较易老化，需要通过改性和添加抗氧剂予以克服。

2. 快速膨胀的 PP 生产

我国是世界最大的 PP 生产国，特别是近年来，我国 PP 工业发展很快，随着我国 PP 生产能力的不断增加，产量也不断增加。

2019 年，我国 PP 总产能达到 2 434 万吨，增速为 9%，主要是煤化工装置以及丙烷脱氢工艺。2013～2017 年，我国聚丙烯工业进入快速发展期，产能由 2013 年的 1 347 万吨增加到 2017 年的 2 167 万吨，年均增速 13% 左右。为满足市场需求，近几年国内先后有多套大型聚丙烯装置投产，每年均有新产能投入市场。由于扩张迅速，在接下来几年，聚丙烯市场可能出现产能过剩状况，出口量也会越来越多。2018～2019 年聚丙烯新增产能约 270 万吨，增速较之前放缓。

从产能区域分布看，2019 年，我国 PP 生产企业主要分布在西北、华东、华北、华南和东北，合计占全国总产能的 94%。其中，西北地区 857 万吨/年，占全国产能的 35%；华东地区 460 万吨/年，占全国总产能的 19%；华南地区 520 万吨/年，占全国产能的 21%；华北地区 240 万吨/年，占全国产能的 10%；东北地区 210 万吨，占全国产能的 9%；其余华中地区占 5%，西南地区占 1% 左右（见图 12）。

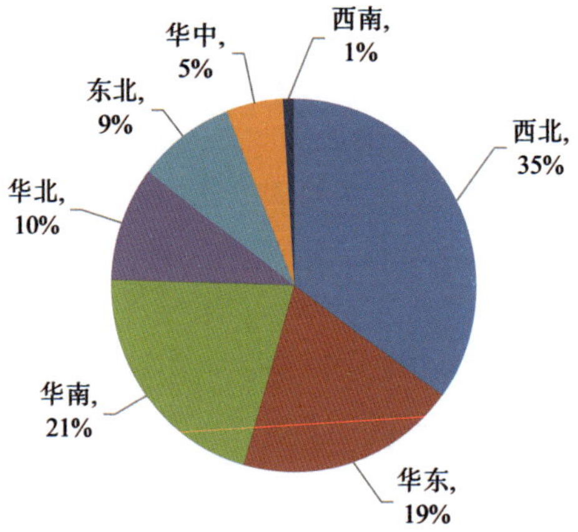

图 12　2019 年我国聚丙烯产能区域分布情况

3. 多元丰富的 PP 需求

近年来，我国聚丙烯（PP）应用不断多样化，除传统的编织袋保持一定增长外，房地产、汽车业、家电业、包装业等的快速发展，推动了用于工业、汽车和家电领域的 PP 快速增长。聚丙烯（PP）的下游需求主要是用于编织制品、注塑成型制品、薄膜制品、纤维制品和管材。

编织制品（塑编袋、篷布和绳索等）所消耗的 PP 树脂在我国一直占很高的比例，是我国聚丙烯消费的最大市场，主要用于粮食、化肥及水泥等的包装。我国是现今世界上最大的塑编制品生产国和消费国，更是世界上最具潜力的塑编生产市场和消费市场。换句话说，我国的塑编制品相当于是自产自销的模式。欧美等发达国家过高的劳动力成本和高端市场会令其更倾向于注塑、片材等高端消费领域，而低端塑编等产品则多从发展中国家进口。虽然近几年塑编占比稍有下降，但依然是我国聚丙烯行业最主要的消费产品，2019 年占聚丙烯消费的 35% 左右。

注塑制品主要应用在小家电、日用品、玩具、洗衣机、汽车和周转箱上。国内注塑级聚丙烯进口比例较大，近几年注塑领域消费占比上升较快，2019 年占比 30% 左右，仅次于塑编，排名第 2 位。注塑领域国产产品缺口大，在世界聚丙烯消费结构中，注塑产品占主要份额，特别是工业发达的国家和地区，应用聚丙烯注塑产品比例更高。因此，我国注塑领域增长潜力巨大。

聚丙烯薄膜主要包括 BOPP、CPP、普通包装薄膜和微孔膜等，BOPP 具有质轻、机械强度高、无毒、透明、防潮等众多优良特性，广泛应用于包装、电工、电子电器、胶带、标签膜、胶卷、复合等众多领域，其中以包装工业使用量最大。而不同的应用领域对聚丙烯薄膜 BOPP 的技术要求有较大差别，其中以薄膜电容器应用领域要求最高。由于加工技术要求较低，利润相对较大，前几年出现了投资过热现象。国内生产的 BOPP 薄膜大部分使用通用原料，薄膜特性受到限制，从而削弱了其对普通 CPP 膜的竞争优势，这种发展趋势表现得最为强烈。

聚丙烯纤维（即丙纶）是指以聚丙烯为原料通过熔融纺丝制成的一种纤维制品。由于聚丙烯纤维有着许多优良性能，因而在装饰、产业、服装三大领域中的应用日益广泛，已成为合成纤维第二大品种。聚丙烯纤维分为短纤、长丝、无纺布（纺粘和熔喷）、烟用丝束、膨体连续长丝（BCF）等，应用领域包括包装、香烟滤材、土工、建材、服装、地毯、卫生制品等。

聚丙烯管材具有耐高温，管道连接方便（热熔接、电熔接、管件连接），可回收使用等特点，主要应用于建筑物给水系统、采暖系统、农田输水系统以及化工管道系统等。

从消费区域看，华东、华南、华中、华北是我国最大的塑料制品产地，也是我国主要的 PP 消费地。2016 年，华东、华南、华中、华北消费占比分别为 36%、21%、15%、14%，合计占比超过 85%（见图 13）。

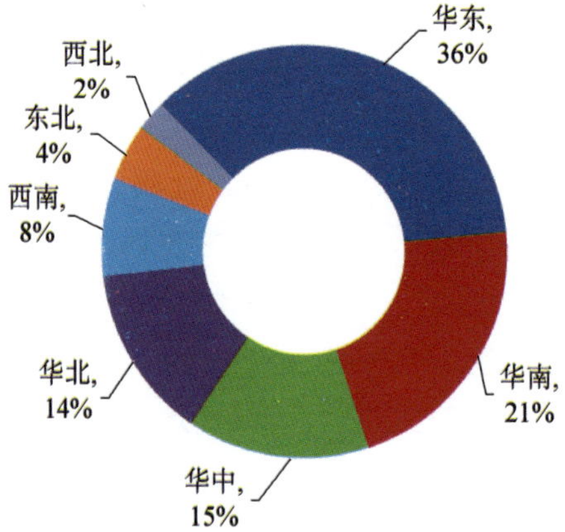

图 13　我国聚丙烯消费区域分布情况

4. 蒸蒸日上的 PP 国内贸易

王总有一家贸易企业，常年从事 PP 的贸易，主要从各地拿货供应华南市场的消费，这是为什么呢？难道华南市场的供应量不够消费？是的。我们来看一下 PP 在国内市场的流通情况，国内 PP 的产能主要分布在华东、华南、东北和西北，消费主要集中在华东、华南和华北，进口 PP 主要流入华东和华南。因此，全国整体贸易的主流是集中流入以江浙沪为代表的长三角地区、以广东为代表的珠三角地区和以山东为代表的华北沿海地区，而西北和东北为净流出，西南地区的供应主要从西北和华南调入，华东与华北、华南之间也有少量的商品流。

从国内来看，西北地区是我国 PP 最大的流出地，2015 年约有 407 万吨

PP 流出，运往华东、华南、华中、华北等地，运输方式以铁路为主。这主要是因为近年来随着煤制 PP 企业相继在西北投产，使得该地产能产量快速扩张，据统计，2012 ~ 2016 年，西北地区新增产能 330 万吨，年均增长率为 40%；而当地塑料制品产量占比并不大。换言之，供应远大于下游需求量。此外，东北地区也有约 113 万吨 PP 需要外运消化，主要销往华北、华东地区，运输方式走铁路或者从大连中转走船运。华东、华南、华中、华北为 PP 主要消费地，生产厂家大多在这四个地区设立分销店，贸易非常活跃。四地间也有少量商品流，华东—华北间由于距离较近，通常用汽运方式，华南—华东之间一般走海运较多。

问题来了，如果国内整体 PP 供应紧张，王总在国内收不到便宜的货物，与此同时海外货物价格低于国内，那么作为贸易环节的王总可以拿海外货供应给国内华南市场，如此获得更高的利润。从国际贸易来看，我国近几年的 PP 进口量逐渐下降，对外依存度降低到 20% 左右，主要得益于国内供应的增加。而出口量在缓慢放大，我国 PP 价格已经成为世界洼地，而投产仍然在进行，未来还是主要关注出口空间。

5. 波动剧烈的 PP 价格

我国 PP 价格波动十分剧烈。仅就 2019 年来看，我国 PP 价格最高点在 9 200 元/吨，最低点在 7 750 元/吨，2020 年第一季度最低点到 6 000 元/吨，价格波动可谓是能上天能入地。PP 价格波动为什么这么大，解答这个问题需要追溯其本身的产业链条，简单说就是与之相关的上下游。与 PE 类似，PP 产业链也包括油化工与煤化工路线，此外还有新兴的丙烷脱氢制路线，其价格波动也有几方面的影响因素。

一是上游原油与煤炭价格作为 PP 的主要原材料，原油与煤炭价格对 PP 价格的影响较大。当前我国 PP 油制产能占 50% ~ 60%，煤制产能占 20% 左右，此外还有丙烷脱氢制路线与外购丙烯制路线。原油煤炭价格的上涨，通过生产成本等途径传导至下游，使得 PP 价格上涨；原油价格下跌，在一定程度上对市场商家及下游厂家心态造成打击，使得市场观望气氛持续浓厚，下游接货意愿降低，市场库存升高，导致 PP 价格下跌。

二是丙烯的供求。丙烯是 PP 的直接上游，其价格波动必然影响聚丙烯的走势。国内丙烯的供应主要是山东地炼以及华东地区的丙烷脱氢装置，当丙烯装置出现较多检修时，供应量会受到影响，从而影响 PP 价格。

三是下游需求变化。PP 价格同样受下游需求变化而波动。PP 下游包括塑编、注塑等行业，塑编就是水泥、粮食等用的编织袋，注塑主要用于家电、汽车等行业。一般来说，PP 需求的季节性不像 PE 那样明显，但是也会有此现象，从往年的数据统计能够看出来。

四是宏观政策的影响。当经济进入上行周期，下游塑料制品行业快速发展，需求旺盛，而供应相对不足时会促进 PP 价格上升；反之，当经济进入下行周期，下游行业需求减弱而上游供应充足时，市场价格将下降。

（四）大行其道的聚氯乙烯（PVC）

1. 作为多元替代品的 PVC

既然 PVC 期货在产业中这么受欢迎，有必要了解 PVC 产业链的整体情况，希望能为读者更好地参与 PVC 期货提供帮助。

当前，人工合成材料大行其道，就连引领全球时尚界的 LV 包也在采用 PVC 材料。今天，我们就来对万千女士热衷的名牌包材料进行揭秘，看看其中的门道。世界著名品牌的包之所以贵，除了品牌知名度外，其采用的是特殊的材料。例如 LV，大多是用 PVC 加其他特殊材料制作的，这种材料的特点是比人工合成的包耐用且更漂亮，比真皮好打理。

1912 年，德国化学家 Fritz Klatte 无意中合成了聚氯乙烯——也就是 PVC。遗憾的是，当时他并不知道这种新材料的用途，虽然他在德国申请了专利，但直到 1925 年专利过期，也仍然没有想出任何商业化妙用。一年后，美国化学家 Semon 又一次独立地发明了 PVC，而且发现这种材料具有优良的隔水性能，非常适合做浴帘。于是，PVC 开始被大量生产。今天，PVC 早已不仅用作浴帘，而且广泛应用于服装、手袋、鞋、饰物、手套、保鲜膜、玩具、家具、建材、广告牌、电缆光缆、医疗用品等无数行业。

聚氯乙烯（Polyvinyl Chloride，PVC），是我国第一、世界第二大通用型合成树脂材料。由于具有优异的难燃性、耐磨性、抗化学腐蚀性、综合机械性、制品透明性、电绝缘性及比较容易加工等特点，PVC 已成为应用领域最广泛的塑料品种之一，在工业、建筑、农业、日常生活、包装、电力、公用事业等领域均有广泛应用，与聚乙烯（PE）、聚丙烯（PP）、聚苯乙烯（PS）和 ABS 统称为五大通用树脂。

聚氯乙烯是一种无毒、无臭的白色粉末。它的化学稳定性很高，具有良好的可塑性。除少数有机溶剂外，常温下可耐任何浓度的盐酸、90% 以下的硫酸、50%～60% 的硝酸及 20% 以下的烧碱，对于盐类亦相当稳定；PVC 的热稳定性和耐光性较差，在 140℃ 以上即可开始分解并放出氯化氢（HCl）气体，致使 PVC 变色。PVC 的电绝缘性优良，一般不会燃烧，在火焰上能燃烧并放出 HCl，但离开火焰即自熄，是一种“自熄性”“难燃性”物质。基于上述特点，PVC 主要用于生产型材、异型材、管材管件、板材、片材、电缆护套、硬质或软质管、输血器材和薄膜等领域。

PVC 是五大塑料中唯一不推荐接触食品的塑料，因为其中含有氯。它也是五大塑料中唯一必须使用增塑剂的材料，这使得它的状态可以在软而弹到硬和脆之间变化。这种增塑剂正是媒体报道中的“塑化剂”，是饱受诟病的食品中的一种材料，其实 PVC 最有价值的用途不是食品行业。PVC 既然可以呈现软而弹的一面，也就可以模拟橡胶或皮革的一些用途，比如日系车的内饰大量使用的人造革、一次性检查手套、地板、桌布和塑胶鞋等，主要因为PVC 价格比天然橡胶和聚氨酯人造革低得多。

2. PVC 生产的中国特色

中国是富煤少油的国家，西北地区丰富的煤炭资源为电石法生产 PVC 提供天然优势。国内主要以电石法生产为主，占比 82%，而国外以乙烯法（包括乙烯单体、氯乙烯单体、二氯乙烷）生产为主（见图 14、图 15）。

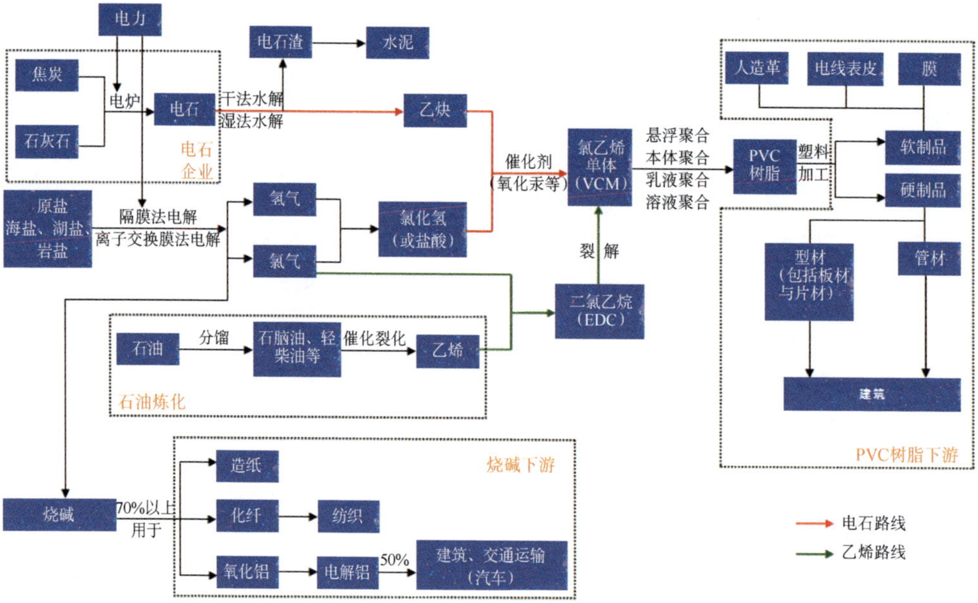

图 14　氯碱行业整体产业结构图

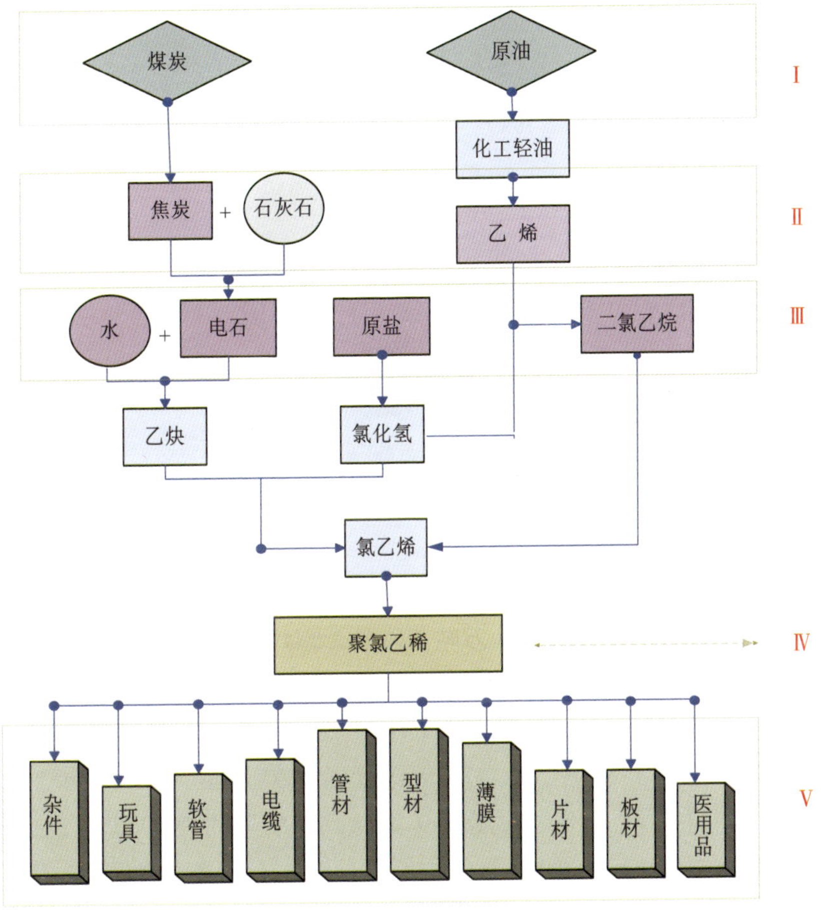

图 15 PVC 产业链

注：①产生链层次：上游到下游依次为Ⅰ、Ⅱ、Ⅲ、Ⅳ和Ⅴ；

②未完全框起的均为加工中间产品，很少贸易流通。

从 PVC 产能分布情况看，华北、华东、华中、西北以及西南地区 PVC 产能相对较大，但在氯碱工业产业政策指导下，PVC 产能由华东地区向西北地区转移（见图 16）。从 PVC 生产产地看，截至 2015 年，有 24 个省市自治区都有 PVC 生产企业，其中，西北地区是国内最大的 PVC 生产基地，占全国总产量的 60.44%。

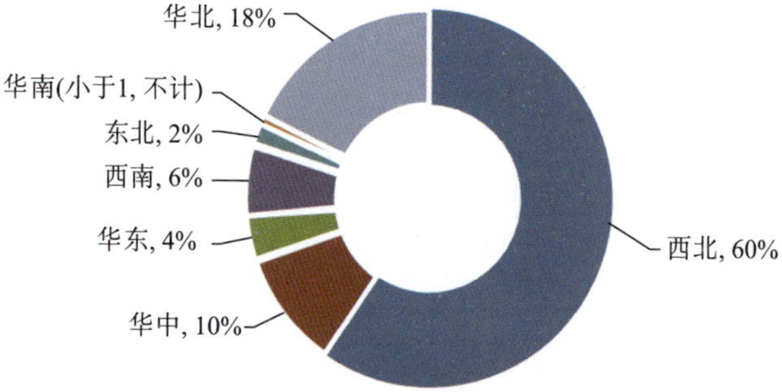

图 16　2019 年中国 PVC 产能区域分布图

资料来源：中国氯碱协会。

在 PVC 产能方面，2014 年我国 PVC 总产能首次下降了 3.50%，而且 2015 年产能继续下降，由 2 389 万吨下降为 2 244 万吨，去产能显现成效。由于供给侧改革，我国产能在 2015～2016 年继续减少，2016～2019 年随着房地产和基建的复苏，需求的提速很快，PVC 由产能过剩转为供需平衡或供需略紧，行业开工率处于 80% 以上。2019 年我国 PVC 产量约为 1 944.26 万吨，较 2018 年的 1 940.28 万吨同比增加 0.21%，自给率约为 99.2%，在五大通用树脂中自给率居首位。2019 年，我国 PVC 产能增长率达到 7%，产量增长率 0.18%，是五大合成树脂中增速较慢的品种（见图 17、图 18）。

目前，我国 PVC 行业粉和糊总产能 2 588 万吨/年，PVC 粉产能 2 438.5 万吨，PVC 糊产能 149.5 万吨。按生产工艺分，电石法产能 1 199 万吨，占比 81.97%；乙烯法产能 439.5 万吨，占比 18.0%。其中，有 27 家自备电石厂 PVC 企业的产能达到 1 350 万吨，也就是说，有 67.5% 的电石法 PVC 企业是配套电石生产的。

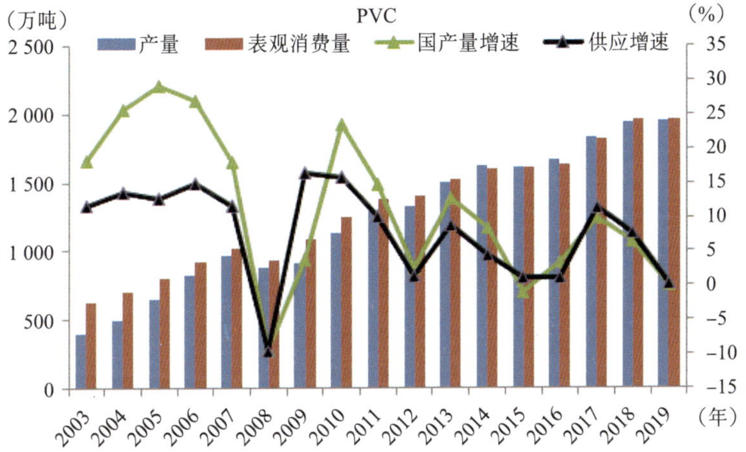

图 17　2003～2019 年中国 PVC 产量增长

资料来源：Wind。

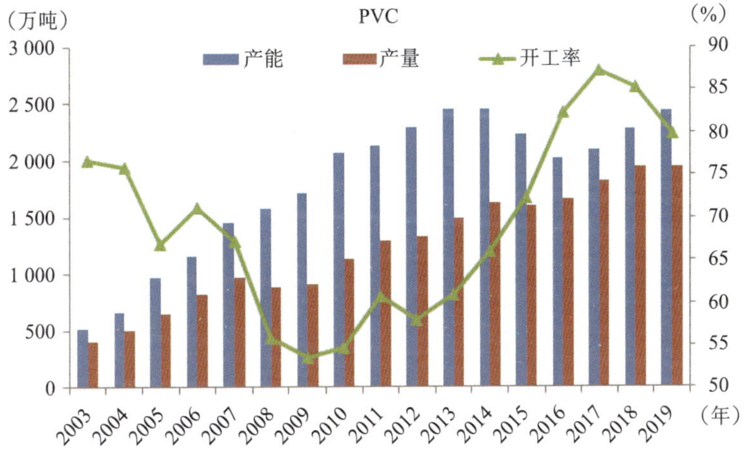

图 18　2003～2019 年中国 PVC 产能及开工率

资料来源：Wind。

全球 PVC 生产主要在北美、中国、日韩等。2003～2012 年，全球 PVC

产能出现较大幅度的增长，2013 年开始增速明显放缓。2015 年年底全球产能达到 5 830 万吨，较 2003 年的 3 274.6 万吨增长了 78.04%。其中亚洲地区产能增幅最大，占比超过 60%，中国的产能份额占全球比例超过 38%，其次是北美的 18% 左右和西欧的 14% 左右。

3. 软硬通吃的 PVC 消费

聚氯乙烯是农业、工业、建筑、能源、交通运输、家电、包装及公用事业等国民经济各领域不可缺少的重要材料之一。在国内经济高速发展和 PVC 生产技术日趋成熟的引领下，中国氯碱行业自 2004 年以来一直保持良好的发展势头，目前，我国已经成为世界上最大的 PVC 消费国。

据统计，2019 年我国 PVC 表观消费量为 1 960 万吨，产量 1 944.26 万吨。我国聚氯乙烯消费分为两类：一类是以电线电缆，各种用途的膜（根据厚度不同可分为压延膜、防水卷材、可折叠门等），铺地材料，织物涂层，人造革，各类软管，手套，玩具，塑料鞋以及一些专用涂料和密封剂等产品为主的软制品；另一类是以门窗、各种型材和管材、硬片、瓶等产品为代表的硬制品。近几年，我国 PVC 消费构成变化较大，硬制品比例不断提高，现在我国硬制品比例已近 66%，这和全球 PVC 硬制品 59.83% 的消费比例大致相当（见图 19）。

从区域来看，长三角、珠三角仍是 PVC 的主要消费区，2015 年广东、福建、上海、江苏和浙江地区共计消费量占国内消费总量的一半以上。

2015 年全球 PVC 市场需求总量超过 4 200 万吨，较 2015 年增长了 2.41%。产能的大幅增长，使中国 PVC 开工率明显低于全球平均值，北美由于缺少主要产能的增加，PVC 开工率明显高于全球平均值，约为 90%。

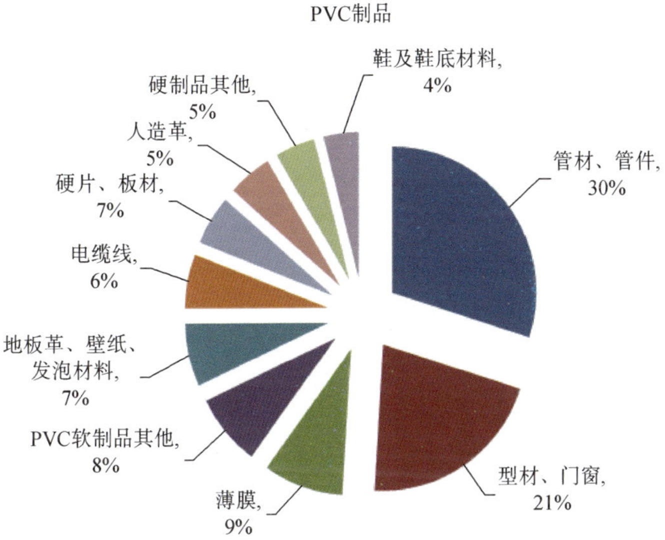

图 19　各种 PVC 制品

4. 变革中的 PVC 外贸格局

2004 年之前，我国聚氯乙烯主要以进口为主，2003 年我国 PVC 表观消费量约 642 万吨，进口 203 万吨，对外依存度为 31%。但随着我国 PVC 业的快速发展，我国 PVC 进出口格局发生了重大变化。伴随我国对美国、俄罗斯、中国台湾地区、韩国、日本的 PVC 反倾销政策的实施，国内 PVC 行业迅速发展，我国聚氯乙烯的自给率逐年提高，截至 2008 年，我国 PVC 的进口量呈逐年下降趋势。2009 年我国 PVC 进口量略回升至 171.55 万吨，但 2010 年开始再次回落，截至 2019 年进口量只有 66 万吨。从出口情况来看，我国 PVC 出口也开始从无到有，出口量年度波动较大。2018 ~ 2019 年国内需求较好，价格处于高位，但出口利润差，出口量减少。

2004 年，我国 PVC 出口仅 4.44 万吨，到 2007 年出口量达到 76 万吨。

2008 年由于国内外金融环境影响，导致 PVC 整体需求下降，加之国内 PVC 生产成本的高位支撑，导致出口略有降低，但仍维持在 60 万吨。2009 年，我国 PVC 出口大幅衰减，年出口总量仅 23.94 万吨。2010 年继续小幅回落，2011 年开始恢复（见图 20 ~ 图 22 和表 14）。

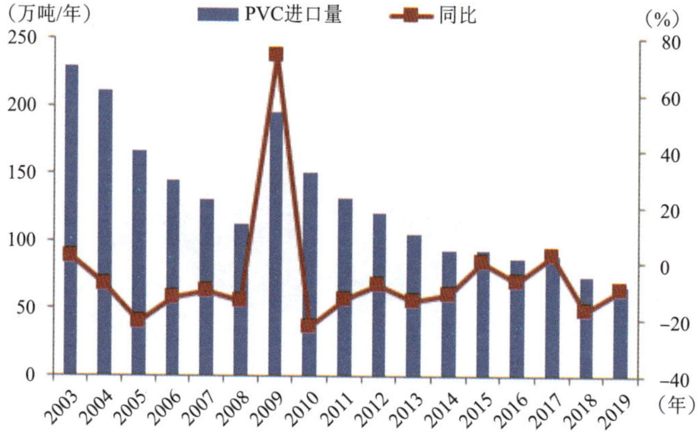

图 20　PVC 进口情况

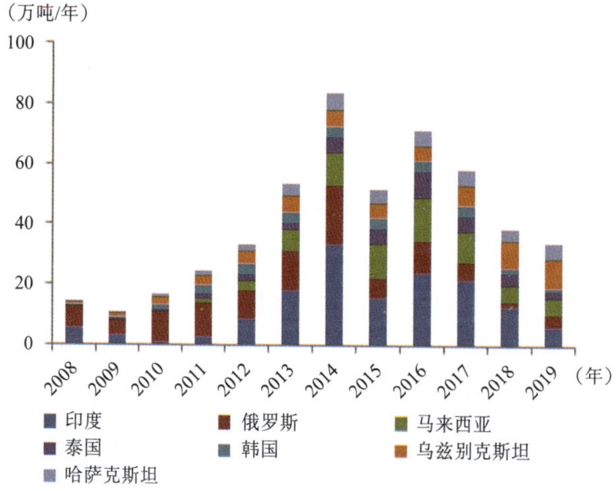

图 21　PVC 出口情况

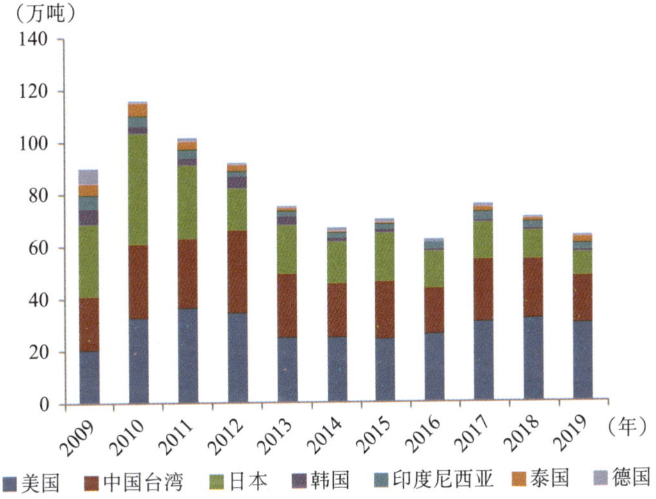

图 22　PVC 粉进口

表 14　　2003～2019 年我国 PVC 进出口情况　　（单位：万吨）

项目	2003年	2004年	2005年	2006年	2007年	2008年	2009年	2010年	2011年	2012年	2013年	2014年	2015年	2016年	2017年	2018年	2019年
出口	5.51	4.44	15.17	50.13	75.77	59.95	23.94	22.46	38.58	39.45	66.22	110.07	78.23	117.33	97.70	58.96	50.75
进口	202.90	189.71	130.75	135.19	101.47	86.08	171.55	129.75	114.80	105.96	91.47	80.47	82.54	86.65	88.73	73.70	66.48

资料来源：卓创资讯。

从 PVC 进口料的流向来看，90% 以上的进口 PVC 流向了广东、浙江、上海等东南部沿海地区。2015 年九龙港成为我国 PVC 的第一大进口港，占全国进口量的 22.7%，九龙、广州、上海、厦门这几个城市进口量占我国 PVC 总量的 57.9%。2015 年我国 PVC 进口主要来自美国、中国台湾、日本、印尼等国家和地区，占我国进口总量接近 95%。

2015 年我国 PVC 出口继续增长，主要出口至印度、马来西亚、俄罗斯、泰国等国家。其中出口到印度的占出口比例接近 20%，马来西亚占 14%，俄罗斯占8%，这三个国家就占中国PVC出口量的42%。从2018年开始，在国内供应低位、需求高位下，出口到印度的量大幅缩减，以“一带一路”国家为主，其中乌兹别克斯坦增量明显。

5. 产销失衡下的PVC内贸

从贸易流向来看，我国PVC生产分布与消费格局存在着区域上的不匹配，PVC国内贸易基本呈现了由西、北方向到东、南方向的流向特点。由于我国煤炭资源丰富，电石法生产的PVC占到80%以上，相应产能主要集中于华北、华中及西北区域，华北地区产量最高；PVC消费则以华东、华南等东部沿海城市为主。因此，华北、华中、西南、西北等地区的PVC产品，除部分用于本地消化外，其余大部分流向了华东、华南等地区。近几年，西部地区电石法产能增长迅速，新增产能也大多流向了东部沿海地区。华东、华南地区的消费量最大，需要通过华北等地区以及进口的PVC产品来弥补其产量上的不足（见图23）。

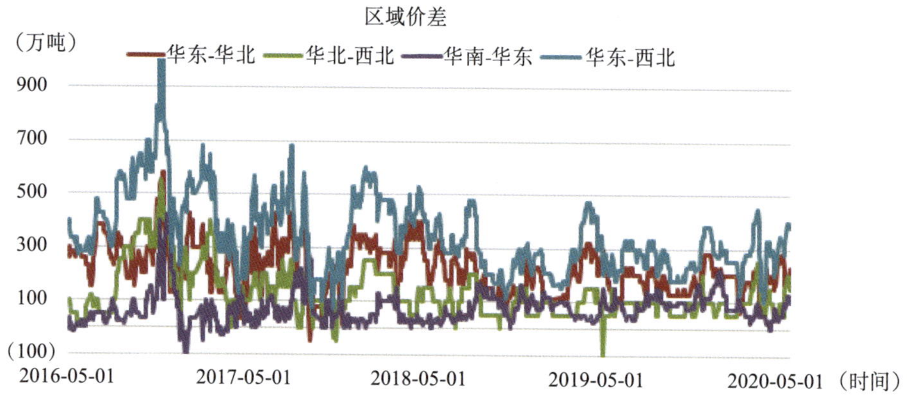

图23　PVC各地区价差

6. 纷繁复杂的 PVC 价格决定

目前，国内 PVC 制造以电石法为主，2008 年下半年以来，受益于国际原油价格的低位，国际上乙烯法 PVC 制造工艺生产成本较低，而煤炭由于限产保价，电石成本一直居高不下，导致国内 PVC 生产企业处于劣势，国内 PVC 生产企业不仅生产利润微薄，还面临着国外货源的冲击。此后，随着原油价格的逐步回升，国内氯碱企业的成本优势才得以再次显现。

PVC 生产成本主要是煤炭、焦炭、电力、电石、原油、乙烯、进口氯乙烯（VCM）等成本价格，另外，原盐的价格也会通过氯的价值传导对 PVC 的价格产生一定程度的影响。目前，我国工业用电仍以火力发电为主，煤炭、焦炭、电力三者价格基本绑定，煤炭、焦炭、电力等能源的价格波动将直接影响 PVC 的市场价格。根据电石法 PVC 的制备成本，1 吨 PVC 折合电力消耗约为 7 000 度，折合煤炭消耗量 3 吨左右，能源成本占生产成本比重超过 50%。

从世界范围来讲，PVC 的生产仍以乙烯法为主，因此，原油、乙烯以及进口氯乙烯（VCM）和二氯乙烷（EDC）的价格高低，也会直接影响 PVC 的价格走势。受次贷危机所引发的全球性的金融危机冲击，原油价格由 148 美元/桶一路跌至 45 美元/桶，伴随着原油价格的回落，以及我国对外实施反倾销的到期，进口料已经开始冲击国内市场，2008 年，仅 12 月份 PVC 进口量就占全年总进口量的 70%。原油价格的下跌，使得以乙烯为原料制造 PVC 的成本优势明显。另外，由于我国只对国外 PVC 实施反倾销，而对 VCM 和 EDC 并未实施保护政策，国内部分 PVC 生产厂家可能会直接从国外大量低价购进 VCM 聚合成 PVC，所以，原油和 VCM 等上游产品价格的高低，会对国内 PVC 的价格有直接影响。

原盐的主要消费领域就是氯碱产品的生产，原盐电解后产生的氯部分用于生产 PVC 和其他氯产品，钠部分用于生产纯碱和烧碱。虽然在 PVC 的生产成本中，氯并不是一个主要影响因素，但钠部分却是烧碱和纯碱的主要成本。

所以，原盐的价格会直接影响碱产品的价格，并影响市场对碱产品的需求，而 PVC 和碱之间存在一个氯碱平衡问题，间接影响 PVC 的供应量，从而影响其价格走势。

从房地产行业发展阶段来看，PVC 已经进入成熟期，具有明显的买方市场特征，因此，下游需求在这阶段对 PVC 价格的影响格外重要。PVC 的最大消费领域是型材、异型材和管材，主要用于建筑领域，所以，未来国内房地产市场的发展态势对 PVC 的需求起决定性的作用。另外，我国目前正处于城市化进程之中，一些基础设施投资也会对 PVC 的消费有一定的拉动作用。

GDP 的增速对 PVC 价格有重要影响，国内未来经济走势将直接影响 PVC 的价格。2008 年为了应对国际金融危机的冲击，我国政府实行 4 万亿元的经济刺激计划，主要投向基础设施和农业建设方面，引发 PVC 需求。当前，我国的城镇化也可能激发 PVC 市场消化能力。

除了型材管材以外，PVC 还在塑料容器、玩具及其他产品的包装和日用品，如胶鞋、鞋底、雨披和运动用品等领域也有广泛应用（见表 15）。每年，我国对外出口 68 亿双鞋子，家用电器的 50% 用于出口，而这些塑料制品的出口情况对 PVC 的需求也会产生一定的影响。

表 15　PVC 用途

型　号	适用制品
SG－1	高级电绝缘材料
SG－2	电绝缘材料；一般软制品（挤出机——软管、电缆、电线；注射成型机与模具配合——凉鞋、鞋底、拖鞋、玩具、汽车配件）；薄膜（包装床垫、布匹、玩具、工业商品）
SG－3	电绝缘材料、农用薄膜、日用塑料制品
SG－4	工业与农用微膜、软管、高强度管材
SG－5	透明制品、型材、硬管、装饰材料、生活日用品
SG－6	透明片、硬板、焊条
SG－7	透明片、硬质注塑管件
SG－8	透明片、硬质注塑管件

国家政策对 PVC 产业常常会产生深刻和深远的影响。国务院已审议并原则通过了石化产业和轻工业产业调整振兴规划，决定加大对石化企业的信贷支持，停止审批单纯扩大产能的焦炭、电石等煤化工项目，限制煤化工，支持原油石化行业，加快结构调整，优化产业布局。预计未来将有 60 万 ~ 80 万吨的大乙烯项目投产，这不仅可能会对我国 PVC 的生产结构产生影响，更可能改变目前的 PVC 定价机制。2015 年 1 月 1 日起施行新的《环保法》，这被称为史上最严《环保法》。新《环保法》一是对企业要求更严，是规定“按日计罚”的严厉措施，给污染企业以从未有过的最大违法成本；二是对地方政府要求更严，明确了环保直接与干部考评挂钩；三是对监管部门要求更严，列举了九种失职渎职行为，并规定了严厉的行政问责措施。氯碱行业属于高耗能、高污染行业，在各地环保政策不断严格的情况下，氯碱企业不断加大环保投入，越来越多的自备电厂进行脱硫脱硝技术改造。新《环保法》的实施，将会影响 PVC 的生产格局变化。

2007 年，我国将 PVC 的出口退税率由 11% 直接下降到 5%。2010 年，财政部和国家税务总局发布《关于取消部分商品出口退税的通知》，自 2010 年 7 月 15 日起，取消 406 种商品的出口退税。其中涉及的塑料产品包括乙烯聚合物的废碎料及下脚料、苯乙烯聚合物的废碎料及下脚料、氯乙烯聚合物的废碎料及下脚料、聚对苯二甲酸乙二酯废碎料及下脚料、其他塑料的废碎料及下脚料。由于我国 PVC 出口本身就是依靠价格优势，所以，出口退税率的下调以及出口限制加工贸易，将进一步压缩出口产品的利润空间，削弱 PVC 生产厂家出口积极性，加重我国 PVC 供大于求的局面，尤其是那些通过进口 VCM 和 EDC 生产 PVC 再加工出口的企业。

反倾销对我国 PVC 价格走势的影响既来自进口，也来自出口，一方面，我国对来自韩国、日本、美国和俄罗斯等国的 PVC 实施反倾销政策，通过征收高额的反倾销税影响其进口，从而在特定阶段达到稳定国内 PVC 供应结构的目的；另一方面，目前我国 PVC 供大于求的形势非常严峻，开工率不断降低，正由净进口国向出口国转变，而国外也会出于保护本国产业的考虑，对我国出口的 PVC 实施反倾销，如印度、土耳其的特殊保护政策等，这使我国

PVC 出口受阻，进而影响国内 PVC 的供求关系。

我国 PVC 的生产主要以电石法为主，在生产 PVC 的同时，通常会生产等物质量的碱，在 PVC 需求低迷、开工率不足的情况下，碱的产量也会降低，从而改变碱的供求关系。同样道理，碱的价格以及经济发展对碱的需求也会反作用到 PVC 的供应上。

炼油行业作为一个系统工程，在提炼汽油、柴油等成品油的同时，也会得到乙烯等化工原材料，因此，如果由于全球经济不景气，导致对成品油需求的减少，也会同时降低乙烯的产量，从而影响乙烯法 PVC 的供应。

7. PVC 实行独特的注册品牌交割

2009 年，PVC 合约上市交易。当时，鉴于品种特性、现货市场发展状况等，PVC 期货实行了推荐品牌制度，凡符合交割质量标准的货物均可交割。该交割制度保障了 PVC 可供交割量充足及实物交割顺畅进行。但近年来，一方面，PVC 现货产能严重过剩，行业面临加速整合的局面；另一方面，PVC 现货贸易品牌特性日益凸显，下游消费厂商在实际经营中多购入能保证其连续供应、产品质量稳定的市场主流品牌产品，以减少配方调整次数、降低成本，这一特点使现货市场 PVC 主流、非主流品牌之间存在着较大价差，一定程度上影响了 PVC 期货价格的行业代表性。在这一情况下，有必要通过引入交割注册品牌制度来反映 PVC 现货贸易品牌特性，同时随着企业对期货市场认知水平持续提升，实行品牌交割制度也具备了相应条件。

交割注册品牌制度核心在于其“准入”性质，即设置了 PVC 交割品的准入门槛，通过制度设计来保证选取的准入品牌是现货市场认可的主流品牌、能保证买方企业的连续生产供应，进而使期价重具行业代表性。同时，在制度设计上将准入资格与免检资格进行分离，即在成为交割注册品牌的基础上，部分符合条件的品牌才可以申请成为免检交割品牌，非免检交割品牌的产品仍需进行质量检验，这样既可确保品牌甄别风险可控，免检品牌也能简化仓单注册手续，降低交割成本。

PVC 交割注册品牌制度实施后利于吸引市场认可度高的产品进入期市交割环节，降低下游买方对于交割品牌不确定性的担心，并进一步降低交割成本，吸引生产主流品牌的卖方厂商参与期货市场管理经营风险，从而促进 PVC 期现价格的良性互动、增强期货价格代表性，有效提升 PVC 期货市场功能发挥水平。

分析认为，PVC 期货行情走势一方面有力配合了供给侧改革和市场基本面，另一方面是实施交割注册品牌制度后，高品质商品能够通过交割渠道进入期货市场，使 PVC 期货价格真正体现市场主流，有效发挥价格发现功能。

（五）阵容强大的塑料期货家族

1. LLDPE 期货合约

我国大连商品交易所线型低密度聚乙烯期货合约见表 16。

表 16　　大连商品交易所线型低密度聚乙烯期货合约

项　目	内　容
交易品种	线型低密度聚乙烯
交易单位	5 吨/手
报价单位	元（人民币）/吨
最小变动价位	5 元/吨
涨跌停板幅度	上一交易日结算价的 4%
合约月份	1 月、2 月、3 月、4 月、5 月、6 月、7 月、8 月、9 月、10 月、11 月、12 月
交易时间	每周一至周五：上午 9：00 ~ 11：30，下午 13：30 ~ 15：00
最后交易日	合约月份第 10 个交易日
最后交割日	最后交易日后第 3 个交易日

续表

项　目	内　容
交割等级	大连商品交易所线型低密度聚乙烯交割质量标准
交割地点	大连商品交易所线型低密度聚乙烯指定交割仓库
最低交易保证金	合约价值的5%
交易手续费	不超过8元/手
交割方式	实物交割
交易代码	L
上市交易所	大连商品交易所

2. PP期货合约

大连商品交易所聚丙烯期货合约见表17。

表17　　大连商品交易所聚丙烯期货合约

项　目	内　容
交易品种	聚丙烯
交易单位	5吨/手
报价单位	元（人民币）/吨
最小变动价位	1元/吨
涨跌停板幅度	上一交易日结算价的4%
合约月份	1月、2月、3月、4月、5月、6月、7月、8月、9月、10月、11月、12月
交易时间	每周一至周五上午9：00~11：30、下午13：30~15：00
最后交易日	合约月份第10个交易日
最后交割日	最后交易日后第3个交易日
交割等级	大连商品交易所聚丙烯交割质量标准
交割地点	大连商品交易所聚丙烯指定交割仓库
最低交易保证金	合约价值的5%
交割方式	实物交割
交易代码	PP
上市交易所	大连商品交易所

3. PVC 期货合约

大连商品交易所聚氯乙烯期货合约见表 18。

表 18　　大连商品交易所聚氯乙烯期货合约

项　目	内　容
交易品种	聚氯乙烯
交易单位	5 吨/手
报价单位	元（人民币）/吨
最小变动价位	5 元/吨
涨跌停板幅度	上一交易日结算价的 4%
合约月份	1 月、2 月、3 月、4 月、5 月、6 月、7 月、8 月、9 月、10 月、11 月、12 月
交易时间	每周一至周五：上午 9：00～11：30，下午 13：30～15：00，以及交易所规定的其他时间
最后交易日	合约月份第 10 个交易日
最后交割日	最后交易日后第 3 个交易日
交割等级	质量标准符合《悬浮法通用型聚氯乙烯树脂（GB/T 5761－2006）》规定的 SG5 型一等品和优等品
交割地点	大连商品交易所聚氯乙烯指定交割仓库
最低交易保证金	合约价值的 5%
交易手续费	不超过 6 元/手
交割方式	实物交割
交易代码	V
上市交易所	大连商品交易所

（六）PVC 期货服务产业大显身手

1. 生产企业卖出套期保值

案例

天津大沽化工股份有限公司是国内最大的 PVC 生产企业，产能约占全国总产量的十分之一。2010 年 5 月 4 日，大沽化工与其客户签署了一份 PVC 购销合同。合同规定，2010 年 8 月大沽化工要向大连实德提供2 万吨 SG5 型 PVC 纯粉，交货日期为 2010 年 8 月 2 日，结算价格为交货当日天津地区现货价格。此合同签订时，天津地区乙烯法 SG5 型 PVC 价格约为 7 750 元/吨，以此价格销售，大沽化工具有一定的盈利空间。但是当时 PVC 市场整体需求疲软，经济危机是否见底尚未定论，大沽化工担心 8 月份现货价格下跌，公司盈利减少，甚至会产生亏损，所以采取在期货市场上卖期保值的策略。5 月 4 日，大沽化工在 PVC 期货市场以 7 700 元/吨的价格卖出 4 000 手（PVC 期货合约规定 5 吨/手），对该批 PVC 进行套期保值操作。到 8 月份，PVC 现货价格如企业预测出现下跌，现货价格跌至 7 500 元/吨，期货市场价格跌至 7 200 元/吨，企业在现货市场产生亏损，而在期货市场获得盈利（见表 19）。

表 19　PVC 套期保值操作策略

时　间	现货市场	期货市场	基　差
2010 年 5 月 4 日	大沽化工签订 20 000 吨 PVC 销售合同，现货价格为 7 750 元/吨	以 7 700 元/吨价格开仓卖出 4 000 手 PVC 合约	50

续表

时 间	现货市场	期货市场	基 差
2010 年 8 月 2 日	以 7 500 元/吨价格执行合同	以 7 200 元/吨价格买入 4 000 手 PVC 合约平仓	300
盈亏	（7 500 − 7 750） × 20 000 = −5 000 000（元）	（7 700 − 7 200） × 4 000 × 5 = 10 000 000（元）	基差走强

企业总盈亏：10 000 000 − 5 000 000 = 5 000 000（元）

在这种情况下，大沽化工通过 PVC 期货的套期保值不仅完全弥补了现货市场的亏损，而且由于期货价格下跌幅度更大，导致基差走强，通过做卖期保值，期货市场的盈利部分弥补了现货市场上的亏损，还获得了 500 万元的净盈利，有效减少了企业面对价格下跌所产生的单边亏损。在现实中，基差也可能走弱或者不变。如果基差走弱，期货市场上的空头头寸出现亏损，侵蚀了现货市场上的盈利，导致现货市场上的盈利小于期货市场上的亏损，企业出现净亏损。若基差不变，则期货市场的盈利正好完全弥补现货市场的亏损。

2. 贸易企业建立虚拟库存

案例

进入 2016 年，PVC 价格出现大幅上涨行情。寰亚贸易公司业务经理王强坚持通过基差分析寻找到相对确定的采购 PVC 买入时机。1 月份，他发现 PVC 现货与期货价格出现背离，期货价格低于现货价格近 100 元/吨，这为他提供了非常有利的采购时机与价格。因此，他果断在期货市场买入 V1605 合约，建立了 PVC 的虚拟库存，交易情况见表 20。

由于王强为公司建立了 PVC 的虚拟库存，规避了现货价格上涨带来的成本上升的风险；同时，由于基差走弱，王强为公司建立的虚拟库存比实物库存盈利了 180 元/吨。王强当时的出发点在于利用期货建立虚拟库存，能够减少公司的资金压力。此外，虚拟库存相对实物库存来说，在面对走势与预计相反的时候，处理库存相对更容易。虚拟库存的合理建立，最终不仅让王强找到了合理的买入时机，还获得一定的盈利，可谓是两全其美。

表 20　　贸易企业建立虚拟库存

时　间	现货市场	期货市场	基　差
2016 年 1 月 12 日	华东现货价格 4 870 元/吨	买入 V1605 合约，4 590 元/吨价格	280 元/吨
2016 年 3 月 11 日	买入价格 5 360 元/吨	卖出平仓 V1605 合约，5 260 元/吨	100 元/吨
盈亏	原材料成本亏损 490 元/吨	盈利 670 元/吨	走弱 180 元/吨

做功课

延伸阅读：塑料兄弟“贡献多多”

线性低密度聚乙烯 LLDPE 于 2007 年在大连商品交易所上市；时隔 7 年，兄弟品种聚丙烯于 2014 年步入期货市场。那么这两个塑料兄弟对现货市场有何影响呢？既然是兄弟品种，很多地方都具有相似点，对现货市场的影响也非常相似：

第一，报价时间缩短。由于期货市场每天都有价格，引导现货市场报价由最早的每周报价改为每日报价，甚至日内多次报价。

第二，价格波动更具有趋势性。期货价格的一个很重要职能就是在特定时期及时修正价格严重偏离价值的情况。这一变化使现货报价的跳空缺口减小，出现次数也明显减小。这一现象对产业最直接的影响就是中间投机性贸易利润逐步缩水，贸易商进出货难度加大，囤货现象越来越少。

第三，贸易模式的改变。传统现货企业单一的囤货待涨价模式受到挑战，同时也得以丰富完善。期货交割销售、期现套利的引入、点价模式的丰富以及虚拟库存的引入都在冲击并改变传统的聚烯烃市场。读者如果对这部分内容感兴趣，也可以在上一节介绍的书目中找到相关内容。

推荐阅读

书名：《线性低密度聚乙烯》《聚丙烯》《聚氯乙烯》

作者：中国期货业协会

出版社：中国财政经济出版社

简介：这三本书除了介绍线性低密度聚乙烯、聚丙烯、聚氯乙烯的相关情况外，更是从期货品种相关的现货生产、加工、贸易和消费等产业链的各个环节对该产品的特性进行了系统介绍，使得投资者能够更加全面深刻地理解。此外，还选取了大量包括套期保值、套利交易等典型实务操作案例，作为投资者了解和学习该品种的辅助材料。整体来说，这三本书较本书内容更深入一层，但是理解起来也不是太难，对于想进一步了解线性低密度聚乙烯、聚丙烯、聚氯乙烯的人来说是必不可少的读物。如果读者看到本章“化工企业利用期货大展身手”有些吃力，也可以结合上述介绍的《线性低密度聚乙烯》来理解，相信这样能有所帮助。

甲醇

（一）甲醇不是“坏孩子”

金秋九月，正是葡萄大量上市的季节，也是市民自酿葡萄酒的大好时机。每到葡萄上市的时节，家住河北的张先生就喜欢在家自酿葡萄酒，享受自己动手的乐趣，不过这次却因为喝自酿的葡萄酒险些出事。张先生喝过自酿的葡萄酒后，突然感觉心跳加快、胸闷，并且视力模糊。家人发现他全身发抖，嘴唇发紫，立即将他送医院救治。经过医生的治疗，张先生恢复了健康，医生告诉他，他是因为所喝葡萄酒中甲醇超标而引起的中毒。有葡萄酒行业的专业人士表示，自酿酒在发酵过程中产生的甲醇和杂醇是无法去掉的，虽然是微量不会对身体造成影响，但没有经过提纯和专业处理的自酿酒虽然“看上去很美”，却比普通酒易醉。如今自酿葡萄酒非常流行，但众多酿酒爱好者并不知道酿造过程中会产生甲醇，也不会使用甲醇去除工艺。甲醇虽然对人体“有毒”，但对于工业生产是非常重要的。甲醇并不是一无是处的“坏孩子”。

甲醇，又名木精、木醇，英文名为 Methanol 或 Methyl Alcohol，化学分子式为 CH3 – OH，为无色、略带醇香气味的挥发性液体，沸点 64.5℃ ~ 64.7℃，能溶于水，在汽油中有较大的溶解度，有毒、易燃，其蒸汽与空气能形成爆炸混合物。

甲醇是一种重要的有机化工原料，应用广泛，可以用来生产烯烃、甲醛、二甲醚、醋酸、甲基叔丁基醚（MTBE）、DMF、甲胺、氯甲烷、对苯二甲酸二甲酯、甲基丙烯酸甲酯、合成橡胶等一系列有机化工产品。甲醇不但是重要的化工原料，而且是优良的能源和车用燃料，可以加入汽油掺烧或代替汽油作为动力燃料。甲醇也是生产敌百虫、甲基对硫磷、多菌灵等农药的原料。甲醇经生物发酵可生产甲醇蛋白，用作饲料添加剂。此外，近年来新型煤化工迅猛发展，由煤/甲醇出发合成烯烃、芳烃等工艺路线正日益受到关注（见图 24）。

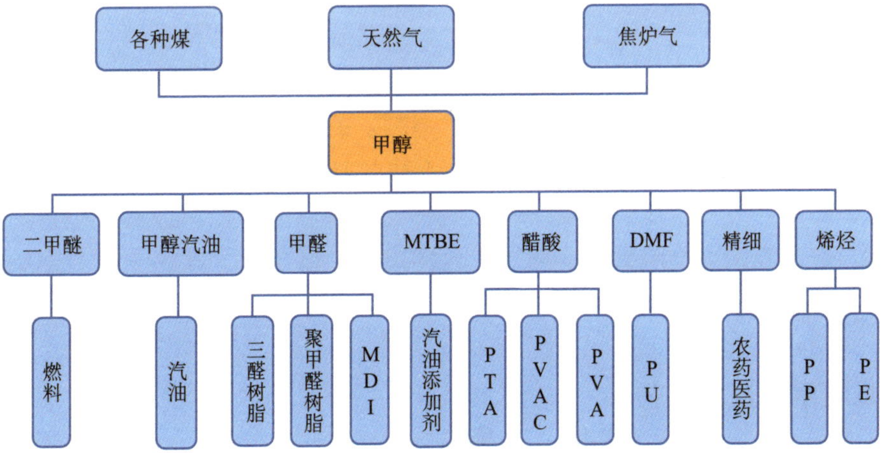

图 24　甲醇产业链

（二）丰富多样的甲醇生产工艺

乙醇大家很熟悉，但甲醇是怎么来的呢？这一点对于甲醇期货投资很重要，因为不同工艺的甲醇生产占比以及成本不同，对于供应和成本的影响各不相同，下面介绍甲醇的几种主要生产工艺。

葡萄酒的酿造可能会产生甲醇，但工业甲醇生产可不是这样来的。拿一根木材，这是我们的“法棒”，滴加适量的“甘露水”，就会有神奇的变化。通俗来说，就是甲醇最早由木材和木质素干馏制得，故俗称木醇。1923 年，德国 BASF 公司在合成氨工业化的基础上，首先用锌铝催化剂在高温高压的操作条件下实现了由一氧化碳和氢合成甲醇的工业化生产，开创了工业合成甲醇的先河。1966 年，英国 ICI 公司成功地实现了铜基催化剂的低压甲醇合成工艺，随后又实现了更为经济的中压法甲醇合成工艺。与此同时，德国 Lurgi 公司也成功地开发了中低压甲醇合成工艺。目前，欧美、中东地区国家主要采用天然气为原料生产甲醇，该工艺投资低、无污染，且无须过多考虑副产物销路。我国一次能源结构具有“富煤贫油少气”特征，缺少廉价的天然气资源，随着石油资源的紧缺和油价的持续上涨，当前并且今后较长一段时间内煤炭仍是我国甲醇生产最重要的原料。此外，我国有部分企业采用焦炉煤气为原料生产甲醇，是我国独有的甲醇制取技术。

甲醇是合成气生产的重要化学品之一，既是重要的化工原料，也是一种燃料。目前我国生产甲醇的主要工艺包括煤制甲醇生产工艺、天然气制甲醇生产工艺和焦炉气制甲醇生产工艺。

1. 煤制甲醇生产工艺

煤与来自空气的氧气在气化炉内制得高 CO_2 含量的粗煤气，按照一定碳氢比加入 H_2，再经净化工序将多余的 CO_2 和硫化物脱除后得到甲醇合成气。由于煤制甲醇碳多氢少，必须从合成池放气中回收氢来降低煤耗和能耗。回收的氢气与净化后的气体形成甲醇所需的合成气，经过压缩、合成等工序制得含水粗甲醇，经过精馏工序精制得到产品甲醇（见图 25）。煤制甲醇是国内甲醇的主要生产工艺，产能占比接近 70%，装置主要分布在西北、华北、山东、西南等地区。

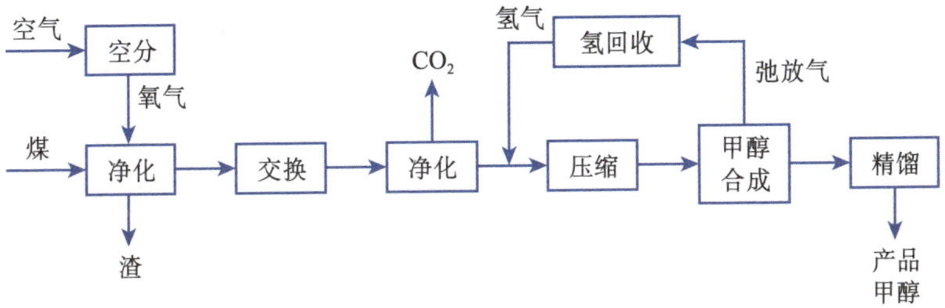

图 25　煤制甲醇工艺

资料来源：郑州商品交易所。

2. 天然气制甲醇生产工艺

以天然气为原料制甲醇的生产工艺主要由预转化、转化、压缩、合成和精馏等单元组成。以天然气为原料是国际上甲醇生产的主要原料路线，尤其是具有丰富廉价天然气资源的国家和地区，如中东、东南亚、南美、新西兰等，已成为世界甲醇工业的核心。国际上主流的甲醇生产装置大多为天然气制甲醇装置，具有规模大、成本低、产品质量好的优点。然而，我国天然气制甲醇工艺受气价成本制约严重，近年来随着甲醇价格的暴跌，部分已处于停产状态（见图 26）。

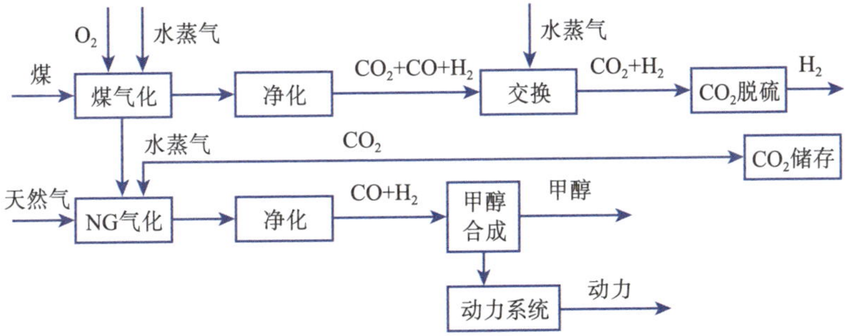

图 26　天然气制甲醇工艺

资料来源：郑州商品交易所。

3. 焦炉气制甲醇生产工艺

焦化企业在炼焦过程中要产生大量的焦炉煤气，据测算，每生产 1 吨焦炭可产生 400 立方米焦炉煤气。焦炉煤气是一种富氢气体，含有 55%～69% 的 H_2、23%～27% 的 CH_4、5%～8% 的 CO，是非常理想的化工原料。焦炉煤气制取甲醇的关键技术是将焦炉煤气中的甲烷及少量多碳烃转化为一氧化碳和氢。基本工艺是焦炉煤气首先经低压压缩，然后进行有机硫加 H_2 转化为无机硫，精脱硫后加压催化部分氧化，使焦炉气中的烃类进行转化，使之成为 CO + H_2，加压合成粗甲醇，经过精馏产出精甲醇。目前，世界上只有中国拥有焦炉煤气制取甲醇的技术，其产能占比为 16%，装置主要集中在华北地区的焦化生产企业（见图 27）。

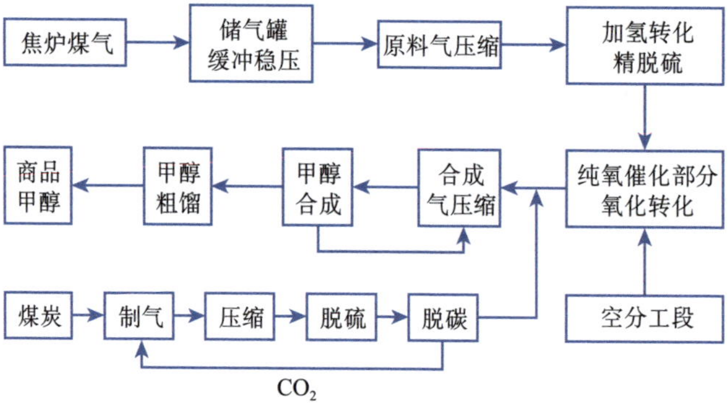

图 27　焦炉煤气制甲醇工艺

资料来源：郑州商品交易所。

（三）不断变化的甲醇供求

2015～2019 年，中国甲醇消耗量继续保持增长态势，但需求格局却发生了巨大变化。一方面，随着国内煤（甲醇）制烯烃（CTO/MTO）项目陆续建成投产，CTO/MTO 对甲醇消耗量不断提升，从而使其一直占据甲醇下游消耗的首要地位，目前需求占比已超过 50%；另一方面，在甲醇传统下游消费领域，受到落后产能淘汰、产业格局调整、产能过剩等多重因素影响，部分传统下游消费量逐年递减，消费占比也随之下降。

我国是世界第一大甲醇生产国和消费国。我国甲醇工业始于 20 世纪 50 年代，特别是自 2002 年初以来，我国甲醇市场受下游需求强力拉动，甲醇生产企业纷纷扩产和新建装置，甲醇产能急剧增加，产量连年大幅增长。2010 年以后，国内甲醇产能稳步增长，并继续向规模化、集约化发展。2011 年我国甲醇产能达到 4 543 万吨，产量 2 227 万吨；2015 年我国产能规模达 6 976 万吨，产量 4 011 万吨；截至 2019 年底，我国产能规模达 8 802 万吨，产量 6 189 万吨（见表 21）。

表 21　　2010～2019 年我国甲醇产能及产量

时间	产能（万吨）	产能增长率（%）	产量（万吨）	产量增长率（%）
2010	3 757	38.3	1 574	38.9
2011	4 543	20.9	2 227	41.5
2012	5 162	13.6	2 640	18.6
2013	5 590	8.3	2 879	9.0
2014	6 861	22.7	3 741	29.9
2015	6 976	1.7	4 011	7.2
2016	7 802	11.8	4 314	7.6
2017	8 019	2.8	4 443	3.0
2018	8 467	5.6	5 576	25.5
2019	8 802	4.0	6 189	11.0

资料来源：卓创资讯。

工艺占比方面，截至 2019 年底，我国煤制甲醇装置产能占比高达 73.51%，天然气制甲醇占比为 11.62%，焦炉气制甲醇产能占比为 14.87%（见图 28）。

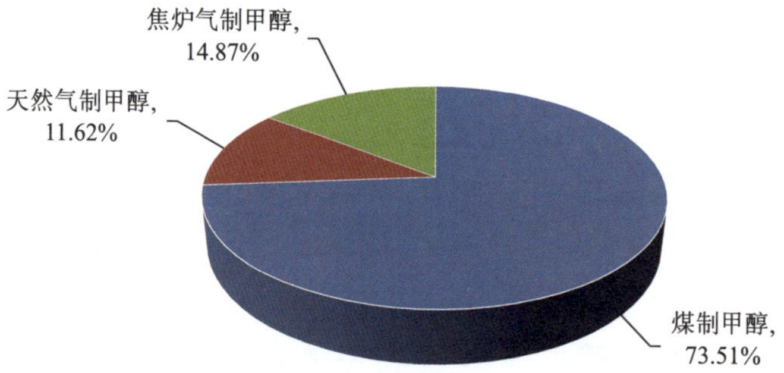

图 28　2019 年我国甲醇生产原料分类情况

资料来源：卓创资讯。

截至 2019 年底，西北地区甲醇产能分布仍以 51.01% 的比例占据绝对优势，华北、华中等地区的新增产能释放使得西北地区产能占比较 2018 年下滑 2.02 个百分点。其中，百万吨以上装置，西北地区占据 76.43%。因此，西北地区作为中国甲醇主产区，当地工厂定价话语权较重，西北价格走势对全国多地具有指导意义（见图 29）。

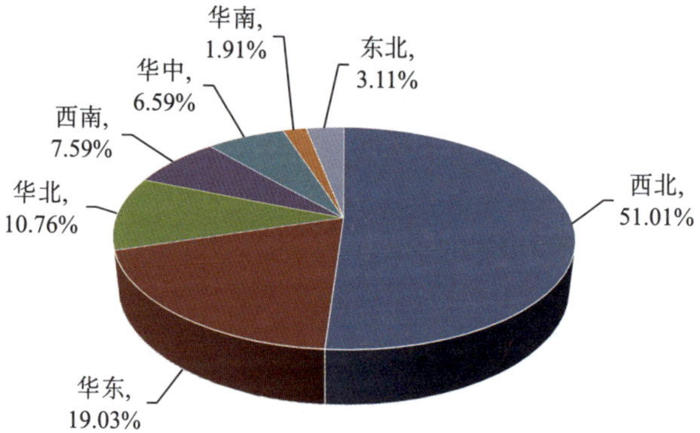

图 29　2019 年国内甲醇产能区域分布

资料来源：卓创资讯。

2015 ~ 2019 年，CTO/MTO 装置陆续投产，使其稳定保持在甲醇下游消耗第一地位，而传统下游如甲醛、二甲醚、醋酸、MTBE 等仍大量消耗甲醇，其他下游，如醇基燃料等，也在近几年逐步凸显，导致了中国甲醇实际消费量的逐年递增。其中，甲醇制烯烃消耗甲醇约占 52%，占比上涨的同时消化总量也在随之增加，2019 年消耗甲醇的量为 3 616 万吨左右。2019 年甲醇下游实际消费量达 7 067 万吨，较 2018 年增加 12.30%。随着下游的继续扩张，预计未来甲醇实际消耗量有望再创新高（见表 22）。

表 22　　2014～2019 年甲醇主要下游需求占比　　单位：%

下游	2014 年	2015 年	2016 年	2017 年	2018 年	2019 年
甲醛	17.04	13.00	10.72	8.39	7.01	6.18
二甲醚	14.83	10.00	7.61	7.02	5.83	5.20
烯烃	26.25	36.00	39.68	46.39	45.01	52.63
醋酸	8.40	8.00	7.03	7.00	6.40	5.82
MTBE	6.81	7.00	7.79	7.79	7.15	6.65
甲烷氯化物	1.45	2.00	1.17	0.70	1.38	1.22
DMF	1.92	1.00	1.52	1.52	1.25	1.16
BDO	1.16	1.00	1.66	1.60	1.29	1.15
有机硅	0.00	5.00	1.61	2.11	2.16	1.98
甲醇汽油	0.00	5.00	2.93	2.34	1.97	1.12
醇醚燃料	0.00	2.00	2.54	2.04	2.98	3.48
甲醇制氢	0.00	0.00	5.91	5.77	5.80	5.12
其他	22.14	10.00	9.83	7.33	11.77	8.29

资料来源：卓创资讯。

从世界范围看，2015～2019 年，全球甲醇产能仍旧呈现出逐步增长的态势，新增产能仍旧多集中在亚洲区域和美洲区域。2015 年，全球新增产能多集中在美国区域，而随着近几年美国供需格局的逐步改变，其从传统净进口国家逐步转变为适量出口国家，2016～2019 年为新投产装置的空白期，新增产能实际投产时间明显延后。得益于丰富的煤炭资源条件支撑，中国近 5 年始终保持在 350 万～500 万吨/年新增的装置状态。伊朗从 2018 年开始同样进入了新增产能集中释放的年份，后期仍有大型装置集中上马投建。2019 年全球甲醇产能达到 15 079 万吨，而 2015 年全球甲醇产能为 12 022 万吨，2015～2019 年全球甲醇产能的年均增长率为 5.83%（见表 23）。

表 23　　2019 年全球甲醇的产能分布

区域	产能（万吨）	占比（%）
亚洲（中国）	8 802	58.37
亚洲（中国以外）	2 596	17.22
欧洲	966	6.41
非洲	332	2.20
大洋洲	408	2.71
南美洲	1 140	7.56
北美洲	835	5.54
总计	15 079	100.00

（四）国内“自力更生”，减少进口依赖

2011 年以来，随着国内甲醇产能与产量的快速增长，甲醇进口量逐渐减少，出口量逐渐增加，进口依存度明显降低。至 2014 年，我国甲醇进口量和进口依存度均达到阶段性低位，出口量明显增加。随后 2015 年，随着原油价格大跌，甲醇价格快速回落，国内天然气甲醇受成本制约被挤出市场，国内沿海及西北多套甲醇制烯烃装置投产，需求大幅拉动，进口再度拉升。2019 年，多套伊朗大型甲醇装置投产，进口甲醇首超千万吨，后期甲醇进口量预计进一步增加（见表 24）。

表 24　　2011～2019 年甲醇进出口量及进口依存度

年份	进口量（万吨）	出口量（万吨）	进口依存度（%）
2011	573. 20	4. 39	22. 52
2012	500. 11	6. 73	20. 51
2013	485. 85	77. 28	11. 25
2014	433. 23	74. 93	10. 85
2015	553. 87	16. 29	13. 58
2016	880. 67	3. 35	16. 03
2017	813. 35	12. 67	11. 66
2018	742. 86	31. 64	12. 65
2019	1 089. 55	17. 10	18. 28

资料来源：Wind。

我国甲醇进口主要来自伊朗、新西兰、沙特阿拉伯和阿曼等国家，阿联酋、特立尼达和多巴哥、马来西亚、委内瑞拉、文莱仍是重要的进口国家。伊朗、沙特阿拉伯、阿曼和新西兰这些国家甲醇装置产能均较大，多数在百万吨级以上，一般来说当出现突发停车情况时，都会对我国进口供给产生一定的减量影响。近几年伊朗新增装置集中投产，非伊朗区域则缺乏新增甲醇装置，近 3 年伊朗已投产超 500 万吨，仍有近 200 万吨新增甲醇装置计划上马，后期其主要流向仍是中国（见图 30）。

我国甲醇出口较少，目前国内甲醇大多为煤制产品，与天然气制甲醇相比，乙醇含量较高，较难达到出口标准，但由于东南亚地区生物柴油产业对甲醇需求较为旺盛，若当地出现供货紧张，会阶段性地从我国补充一定量的甲醇。

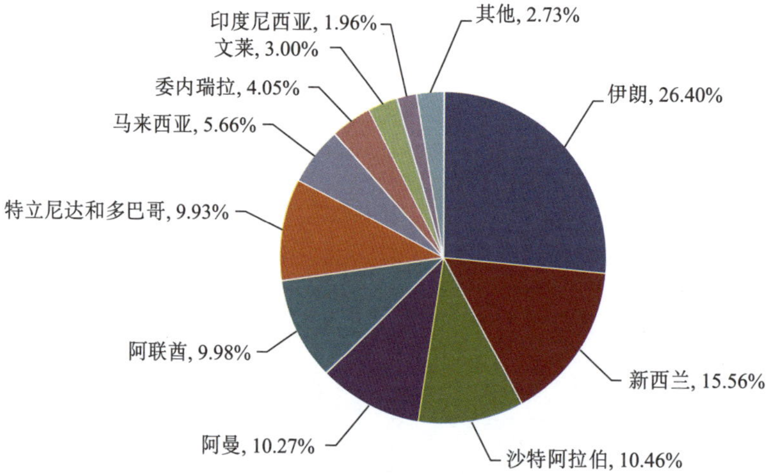

图 30　2019 年甲醇进口主要来源国

资料来源：卓创资讯。

国内甲醇生产装置比较分散，主要分布在蒙、陕、豫、晋等内陆地区或交通不便的西部地区和海南省，而甲醇消费中心相对集中在华东和华南地区，这些地区也是我国甲醛、二甲醚、醋酸、MTBE 等下游产品生产的集中地。中国甲醇市场分为内地市场和沿海市场，内地市场除满足自身消化外，剩余货源多补充沿海市场，沿海甲醇以进口甲醇为主要货源。2019 年随着上下游装置的投产和淘汰国内区域性供需格局发生改变，西北地区外发至华东等地的货源减少，当地消化量增加。而山西、华中等地区随着新装置的投产和老装置的扩能，供应能力增加，外发至其他省份的货源有所增加，年内沿海地区甲醇价格受外盘低价货源、期货等因素压制，始终难有起色，而内地需求的崛起使得主产区等地区工厂挺价意愿较强，因此内地与港口套利窗口长期关闭，内地仍以区域内消化为主，港口则以消化进口货源为主。

（五）多重因素影响甲醇价格

甲醇在国民经济中的广泛应用使得宏观经济走势必然影响甲醇的需求，进而对甲醇价格产生影响。2019 年中国经济尽管维持整体平稳态势，但在国内结构性调整以及复杂的外部环境影响下，整体经济走势不容乐观。工业品市场的差异化愈加明显，但整体下行趋势确实已经形成。从对经济预期的引导向中长期发展管理的趋势来看，未来经济下行的压力依然存在。

我国是世界上最大的甲醇消费国，同时也是世界上甲醇消费增长速度最快的国家之一，因此，进口甲醇对国内甲醇市场也会产生较大影响。甲醇国际市场受中东地区低成本天然气装置大规模投产的影响，生产成本明显降低，导致我国甲醇进口量快速增长，对国内市场造成了较大的冲击。此外，甲醇装置日趋大型化，一旦检修或意外停车均会影响市场供应而引起价格波动。甲醇是一种重要的有机化工原料，在我国是除乙烯、丙烯、苯之后的第四大化工原料，在化工、医药、轻工、纺织等行业具有广泛应用，而甲醇下游产业的稳步增长将对甲醇的需求和价格产生有利的拉动。

我国的煤炭、天然气等能源基地主要分布在西北地区，消费地则集中在华东、华南地区，因此，运输成本是甲醇价格当中不能忽视的组成部分。目前我国西部地区铁路运力紧张运费呈上涨态势，而甲醇运输要求使用专用槽车，容易造成空返浪费运力，这也加剧了铁路运输的紧张局面，从而在一定程度上对甲醇的价格产生影响。

天气因素对甲醇价格的影响主要来自两个方面：一方面，天气因素导致甲醇下游产品主要是甲醛的生产变化，从而引发甲醇的价格变化；另一方面，恶劣的天气或天灾等不可抗力常常干扰正常的交通运输，导致甲醇供求失衡，引发价格变化。

此外，甲醇的仓储需要依托专业的液体化工仓库进行，在当前我国甲醇生产与消费区域不平衡并受相关运输条件影响较大的背景下，甲醇在不同地区不同时段的价格与当地库存水平存在较明显的负相关性，表现为库存水平较高，价格走低；库存水平较低，价格走高。

（六）甲醇期货合约

2011年10月28日，经中国证监会批准，甲醇期货合约在郑州商品交易所上市交易，这也是全球首个甲醇期货合约（见表25）。

表25 郑州商品交易所甲醇期货合约

项　目	内　容
交易品种	甲醇
交易单位	10吨/手
报价单位	元（人民币）/吨
最小变动价位	1元/吨
每日价格最大波动限制	上一交易日结算价±4%及《郑州商品交易所期货交易风险控制管理办法》相关规定
最低交易保证金	合约价值的5%
合约交割月份	1～12月
交易时间	每周一至周五（北京时间，法定节假日除外） 上午9：00～11：30，下午13：30～15：00，晚上21：00～23：30
最后交易日	合约交割月份的第10个交易日
最后交割日	合约交割月份的第13个交易日
交割品级	见《郑州商品交易所期货交割细则》
交割地点	郑州商品交易所甲醇指定交割地点
交割方式	实物交割
交易代码	MA
上市交易所	郑州商品交易所

（七）企业在甲醇期货中尝甜头

目前，我国已经成为世界最大的甲醇生产国和消费国。甲醇期货上市，一是有利于优化甲醇的价格形成机制，指导甲醇上下游企业可以安心生产和经营，促进甲醇资源的合理配置和供求平衡；二是可为甲醇的生产、贸易和消费企业提供风险管理手段，推动相关行业的稳步发展；三是有利于以市场化手段推进国家甲醇产业政策的落实，在交割场合的指定上向大型企业倾斜，推动企业的发展壮大，从而促进甲醇行业的产业升级和技术进步，优化产业结构，淘汰落后产能。

1. 贸易商买入套保

案例

3 月份，鄂尔多斯能源化工贸易公司采购经理丁磊接受了下游企业的固定订单合同，做出了公司 5 月份的甲醇采购计划，共采购甲醇 20 000 吨。当时 3 月的甲醇现货价格为 1 950 元/吨，丁磊对该价格比较满意。根据预测，到 5 月份甲醇价格可能上涨。为了避免价格上涨带来的风险，丁磊决定在甲醇期货市场上进行甲醇买入套保交易。交易情况见表 26。

表 26　　贸易商买入套保

项　目	现货市场	期货市场
3 月份	优等甲醇价格为 1 950 元/吨	买入 20 000 吨 9 月优等甲醇合约，价格为 1 980 元/吨
5 月份	买入 20 000 吨优等甲醇，价格为2 380元/吨	卖出 20 000 吨 9 月优等甲醇合约，价格为 2 410 元/吨
结果	成本提高了 430 元/吨，亏损8 600 000元	赢利 430 元/吨，赢利 8 600 000 元
套保结果	净获利 8 600 000 – 8 600 000 = 0，从而稳定了贸易商的进货成本	

从此次交易可以看出，虽然现货市场出现了对贸易公司不利的价格变动，价格上涨了430元/吨，因而成本提高了8 600 000元，但是甲醇期货市场上贸易公司赢利8 600 000元，从而消除了价格不利变动的影响。如果贸易公司不做套保交易，现货价格下跌成本会更低，但一旦现货市场上价格上涨，贸易公司就必须承担由此造成的损失。在甲醇期货市场上进行买入套保，虽然失去了现货市场价格有利变动的盈利，但同时也避免了现货价格不利变动的损失，因此买入套保规避了现货市场价格变动的风险。

买入套保能够回避价格上涨所带来的风险，提高了企业资金的使用效率。由于甲醇期货合约是保证金交易，因此运用少量的资金就可以控制大批货物。对需要库存的商品来说，节省了一些仓储费用、保险费用和损耗费用，能够促使贸易合同早日签订。但是买入套保者也失去了由于价格波动而可能得到的获利机会，也就是说在回避对己不利的价格风险的同时，也放弃了因价格可能出现对己有利的价格机会。

2. 生产商卖出套保

案例

内蒙古能源化工公司是一家大型甲醇生产企业，主要通过订单合同方式销售产品，即企业与下游甲醛、醋酸等生产企业订立年度供货合同，每月公布当月结算价并定期交货。销售中最大的问题就是国内企业信用度较低，往往是在货源比较紧张的情况下，下游客户争相购买，一旦行情看跌，无人问津，企业销售波动性较大，在生产上也难以及时做出调整。有时因销售没有达成计划目标，甲醇生产企业就被迫增加库存。为避免这种被动局面，该公司战略投资部提出采用卖出套保来规避这些风险。

卖出套保就是指套保者先在甲醇期货市场上卖出与其将在现

货甲醇市场上卖出的甲醇数量相等、交割日期相同或相近的甲醇期货合约。然后该套保者在现货甲醇市场上卖出甲醇的同时买入甲醇期货交易合约，进而为其在现货甲醇市场上卖出甲醇的交易进行保值。

7月初，甲醇现货价格是2 200元/吨，内蒙古能源化工公司对此价格比较满意，但是甲醇8月才能出售。此时国家出台相关政策，预测甲醇的价格将会下跌，因此该焦化企业为了避免价格下跌导致利润减少，决定利用甲醇期货交易市场做甲醇的卖出套保交易，交易情况见表27。

表27　生产商卖出套保

项　目	现货市场	期货市场
7月份	优等甲醇价格2 030元/吨	卖出10 000吨11月优等甲醇合约，价格为2 000元/吨
8月份	以1 850元/吨的价格卖出10 000吨	买入10 000吨11月优等甲醇合约，价格为1 820元/吨
结果	利润减少180元/吨，减少1 800 000元	盈利180元/吨，共盈利1 800 000元
套保结果	净获利1 800 000－1 800 000＝0，从而保护了企业利润	

从交易情况可以看出，虽然现货市场出现了不利的价格变动，价格下跌了180元/吨，因而利润减少了1 800 000元，但是甲醇期货交易盈利1 800 000元，从而消除了价格不利变动的影响。如果该公司不做套保交易，现货价格上涨可以得到高额利润，但是一旦现货市场上价格下跌，该公司就必须承担由此造成的损失。相反在期货市场上做了卖出套保，虽然失去了现货市场价格有利变动的盈利，同时也避免了现货价格不利变动的损失，因此可以说卖出套保规避了现货市场价格变动的风险。

卖出套保能够回避价格下跌所带来的风险，经营企业通过卖出套保，可以使保值者能够按照原先的经营计划，强化管理，认真组织货源，顺利地完成销售计划，有利于现货合约的顺利签订。但是，卖出套保者付出的代价是放弃了因价格可能出现对自己有利的机会。

3. 甲醇正向期现套利

2015 年 4 月 27 日，蓝天化工贸易公司与山东某甲醇厂库签订协议，厂家按当日出厂价格每吨加价 10 元把仓单卖给蓝天公司，因此蓝天公司可选择时机在 MA1506 及以后的合约适时做空。4 月 28 日，郑商所 MA1506 合约做空均价为 2 640 元/吨，厂家出厂价为 2 370 元/吨，现货购买价格为 2 380 元/吨，基差为 -260 元/吨。此时，基差绝对值偏高，出现了正向期现套利的机会。

由于厂库不涉及入库和质检，并且通过与厂库协商，仓储费和运输费亦可忽略，因此本次期现套利的持有成本主要包括以下几项：

①交易手续费：0.28 元/吨；

②交割手续费：1 元/吨；

③增值税费：(260 - 200) ÷ 1.17 × 0.17 = 8.72（元/吨）（估算）；

④厂库升贴水：200 元/吨；

⑤期货保证金利息：2 640 × 10% × 8% ÷ 12 × 1.5 = 2.64（元/吨）（设定保证金为 10%，年利率为 8%，最大持有期为 1.5 个月）；

⑥现货资金利息：2 380 × 8% ÷ 12 × 1.5 = 23.8（元/吨）。

持有成本合计：236.44 元/吨，本次交易利润：23.56 元/吨。

未来可供选择的了结方式有两种：

选择一：若持有至交割，获得 23.56 元/吨的收益。

选择二：5 月 8 日，期货价格为 2 490 元/吨，现货出厂价格为 2 340 元/吨，厂家回购价格为 2 330 元/吨，则基差为 -160 元/吨；此时，若了结期现货套利头寸，可获利 100 元/吨（见表 28）。

表 28　　甲醇正向期现套利

项　目	甲醇现货（山东）	MA1506 合约	基　差
2015 年 4 月 28 日	2 380 元/吨买入现货	2 640 元/吨卖出开仓	-260 元/吨
2015 年 5 月 8 日	2 330 元/吨卖出现货	2 490 元/吨买入平仓	-160 元/吨
盈亏状况	亏损 50 元/吨	盈利 150 元/吨	基差走强 100 元/吨
最终结果	盈利 100 元/吨		

4. 甲醇反向期现套利

2015 年 4 月 16 日，蓝天化工贸易公司以 2 515 元/吨的价格卖出现货，同时在郑商所 MA1506 合约上以均价 2 450 元/吨买入等量期货，基差为 65 元/吨。此时，基差偏高，出现了反向期现套利的机会。

5 月 6 日，贸易商以 2 545 元/吨的价格买入现货补充库存，同时在期货盘面上以 2 600 元/吨的价格卖出平仓，此时基差为 -55 元/吨，最终实现了每吨 120 元的盈利。

交易结果见表 29。

表 29　　甲醇反向期现套利

项　目	甲醇现货	MA1506 合约	基　差
2015 年 4 月 16 日	2 515 元/吨卖出现货	2 450 元/吨买入开仓	65 元/吨
2015 年 5 月 06 日	2 545 元/吨买入现货	2 600 元/吨卖出平仓	-55 元/吨
盈亏状况	亏损 30 元/吨	盈利 150 元/吨	基差走低 120 元/吨
最终结果	盈利 120 元/吨		

做功课

延伸阅读："甲醇 1501"期货合约操纵案——典型的恶意逼仓失败案例

2015 年 9 月 25 日，中国证监会新闻发言人张晓军通报了对 9 起案件做出的行政处罚，其中包括 1 宗"甲醇 1501"期货合约操纵案。具体是怎么回事呢？让我们还原一下当时的真相：

组织做多逼仓的是国内最大甲醇贸易商成都欣华欣化工材料有限公司，姜为是该公司负责人，而做空一方是国内几家有现货背景的投资公司，还有些算得上期货行业内的"大佬"。2014 年 11 月 14 日至 2014 年 12 月 16 日，姜为控制 42 个期货账户，采取集中资金优势、持仓优势，连续买卖期货合约，同时囤积现货以期影响期货市场行情，操纵期货交易价格。逼仓起初还算成功，11 月甲醇 1501 合约逆市反弹 4%，表现强势，但 12 月初之后形势急转直下，一路暴跌，在 12 月底甚至出现连续四个跌停的极端走势，江西瑞奇期货也因此穿仓，最终结果是姜为巨亏数亿元，空方完胜。

中国证监会认为，相较于一般的市场主体，现货商具有明显的市场优势地位，姜为控制多个期货账户，利用优势地位，采取多种方式操纵期货市场，性质恶劣、情节严重，因此，中国证监会对姜为处以顶格处罚，同时采取了终身期货市场禁入措施。

小贴士

何谓逼仓

逼仓是指交易一方利用资金优势或仓单优势，主导市场行情向单边运动，导致另一方不断亏损，最终不得不斩仓的交易行为。一般分为多逼空和空逼多两种形式。逼仓是一种市场操纵行为，主要通过操纵两个市场即现货市场和期货市场逼对手就范，达到获取暴利的目的。

逼仓算不算违法？理论上逼仓应该算是非法的，尽管没有法规明确以逼仓行为为防范对象，但逼仓行为作为严重的市场操纵行为之一是被明令禁止的。逼仓事件作为国内期货发展初期的特有现象和极为普遍现象，给市场带来极坏影响，非但使期货正常功能难以发挥，而且使中小投资者的利益受损。

小贴士

假酒与真酒的区别

乙醇，俗称酒精，化学分子式是 $C_2H_5—OH$，相比甲醇多了一个 CH_2，同属醇类物。

从用途上看，甲醇是基础的有机化工原料和优质燃料；乙醇除用作燃料，制造饮料和香精外，还作为重要的有机化工原料和有机溶剂，此外医疗上常用 75%（体积分数）的酒精做消毒剂。

从安全角度看，甲醇有毒，乙醇对人体一般无害。不管是工业酒精还是食用酒精，其主要成分都是乙醇。只是工业酒精中大约含有 4% 的甲醇，被不法分子当作食用酒精制作假酒，而被人饮用后，就会产生甲醇中毒。

石油沥青

（一）石油的近亲——沥青

小张在期货行情软件中看到有石油沥青这个交易品种，而这个品种也是国内首创。作为原油的近亲，沥青在2015年之前市场关注度较低。随着原油期货的上市，曾经的"小沥青"成了最"吸睛"的期货品种。沥青期货之所以能够活跃，一个重要原因是其背后的"爹"——原油。作为原油的直接炼化品种，其与原油的关系更加紧密，不少投资者在石油沥青上能够寻找到石油的影子（见表30）。

表30　上海期货交易所石油沥青期货标准合约

项　目	内　容
交易品种	石油沥青
交易单位	10吨/手
报价单位	元（人民币）/吨
最小变动价位	2元/吨

续表

项　目	内　容
每日价格最大波动限制	上一交易日结算价 ±3%
合约交割月份	24 个月以内，其中最近 1～6 个月为连续月份合约，6 个月以后为季月合约
交易时间	上午 9：00～11：30，下午 1：30～3：00 和交易所规定的其他交易时间
最后交易日	合约交割月份的 15 日（遇法定假日顺延）
交割日期	最后交易日后连续 3 个工作日
交割品级	70 号 A 级道路石油沥青，具体内容见《上海期货交易所石油沥青期货交割实施细则（试行）》
交割地点	上海期货交易所石油沥青指定交割地点
最低交易保证金	合约价值的 4%
交割方式	实物交割
交易代码	BU
上市交易所	上海期货交易所

（二）康庄大道沥青铺就

作为石油沥青期货一般投资者，有必要了解石油沥青是怎么“来”的，又是怎么“没”的。

在希腊神话中，普罗米修斯由于从天上盗火给人间，触怒了宙斯，被锁在高加索山顶的峭岩上，每天有秃鹰取食他的肝脏，晚间又重新长出，这样经历了三万年的苦难。然而，他的由秃鹰取走的肝脏和血却飞散在地上变成了沥青和石油，这个地方就是现在的巴库油田。可见石油沥青的历史悠久。

俗话说：“要想富，先铺路。”我们平时行走或驾车驶过的柏油路究竟是怎样铺就的，使用的是什么材料？其实，大家挂在嘴边的“柏油路”就是沥青路。一般来说，柏油路首先需要用石子、煤灰、水泥搅拌的材料铺成新路基。待路基铺好后，用沥青喷洒机在上面均匀地喷洒一层沥青，接着用摊铺机铺上一层用沥青搅拌的石子，边铺边用压路机来回反复压平。随后用同样方法再铺上一层用沥青搅拌的细小石子，再反复压平。这样，一条宽阔平坦的柏油路就呈现在我们眼前。

铺路采用的石油沥青是原油加工过程的一种产品，在常温下是黑色或黑褐色的黏稠液体、半固体或固体，主要分为焦油沥青和地沥青两大类。焦油沥青是煤、木材等有机物干馏加工所得的焦油经再加工后的产品。地沥青又分为天然沥青和石油沥青：天然沥青是石油渗出地表经长期暴露和蒸发后的残留物；石油沥青是将原油精加工蒸馏后所残余的渣油，经适当的工艺处理后得到的产品（见图 31）。

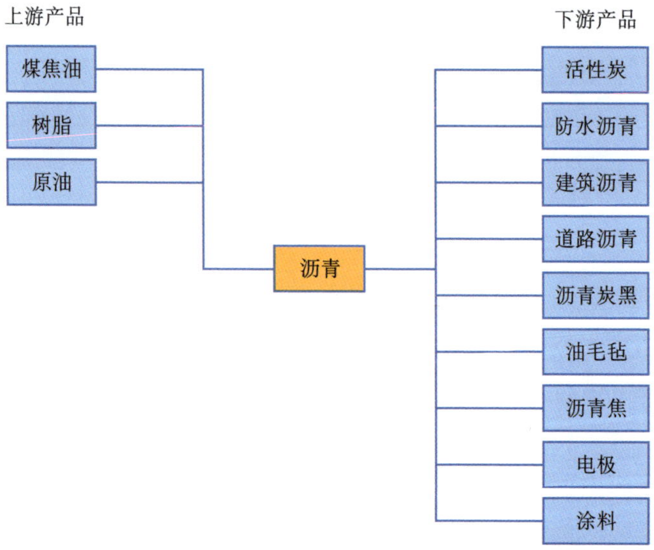

图 31　石油沥青产业链

资料来源：郑州商品交易所。

在日常生活中，各类工程所采用的沥青绝大多数都是石油沥青。沥青具有良好的黏结性、绝缘性、隔热性和防水、防锈、防腐性能，其主要用途是作为基础建设材料、原料和燃料，应用范围包括公路、铁路、航空、建筑、农业、水利工程、采掘和制造等各个行业。

（三）季节性特征明显的石油沥青供求

20 世纪 90 年代起，我国开始大规模兴建高速公路，对于沥青需求巨大。但当时国内炼厂技术水平欠佳，重交沥青产量有限、品质较差，国产沥青数量有限。十几年来，随着技术不断进步，我国石油沥青产量增长迅速，年均增长率高达 11%。

我国石油沥青产量呈现出一定的季节性。通常在每年 2 月前后会形成一个产量低谷，随后由于贸易商囤货需求的增加，沥青生产得到提振，形成年内第一个生产小高峰，有些年份会在沥青需求旺季出现第二个生产小高峰。沥青产量在年底会有所回落，通常会高于年初。2015 年为“十二五”收官之年，石油沥青需求旺盛，因此炼厂开工率普遍高于之前年份，月度石油沥青产量均为历年最高值，并且两个产量小高峰均非常明显。

我国各省份中，山东、辽宁是沥青生产大省，二者之和约占全国总产量的 40%。浙江、广东、江苏、新疆、四川的沥青产量也占较大比重，7 个主要省份产量共占全国 87% 左右，我国炼油企业大多集中于上述省份。整体看来，我国东北、华东、华南沥青资源较充裕，华中、西南、华北资源缺口较大。

我国绝大部分沥青产能集中于中石油、中石化、中海油三大集团。2015 年，我国石油沥青产量为 2 227 万吨，三大集团石油沥青产量共占全国产量的 75%，地炼产量占全国 25%。

我国沥青最主要的使用方向为公路路面铺设，占比 76% 左右，建筑防水用沥青占 11% 左右。国家公路投资财政政策直接影响到道路沥青的消费，公路建设耗费时间长，投资金额巨大，且回收期漫长，因此道路基础设施建设的资金来源除极少数民间投资外，大多依靠国家财政支出，财政政策直接影响到道路沥青的需求。

沥青需求具有明显的季节性，这也是沥青价格走势呈现季节性的主要原因。沥青道路铺设对环境温度和路面干燥程度有一定要求。通常每年 1 月、2 月气温过低，同时临近春节，沥青施工需求回落，贸易商趁低价囤货，形成冬储需求。5 月，绝大部分地区气温回升至 10℃ 以上，道路项目陆续开工。7 月、8 月为北方道路项目施工高峰期，此时南方处于雨季。9 月、10 月南方雨季结束，进入道路项目施工高峰期，北方需求收尾，形成“金九银十”的沥青旺季。11 月北方气温降低，已不适合沥青路面铺设，沥青需求基本停滞，南方仍处于施工高峰期。12 月，南方道路项目也逐渐收尾。

沥青产能大约 5 000 万吨/年（400 余万吨/月），但实际的月度产量却与其相差较大，这是因为沥青库容较为有限，炼厂需要根据出货情况来调整生产负荷。当沥青处于淡季时，出货相对较差，炼厂需要降低开工负荷（或停产检修）来确保不出现憋库的情况；反之，旺季时炼厂出货顺畅，库存压力小，生产可以放量。库容限制下炼厂以销定产，因此沥青需求的季节性带来了沥青供应的季节性。

近年来，我国进口沥青大体持稳。2019 年国内进口沥青总量达 428 万吨。其中，韩国仍为进口主要来源国，进口沥青占比 54%，新加坡占比 25%，马来西亚占比 14%。在出口方面，沥青出口不足百万吨，仍以内销为主（见图 32）。

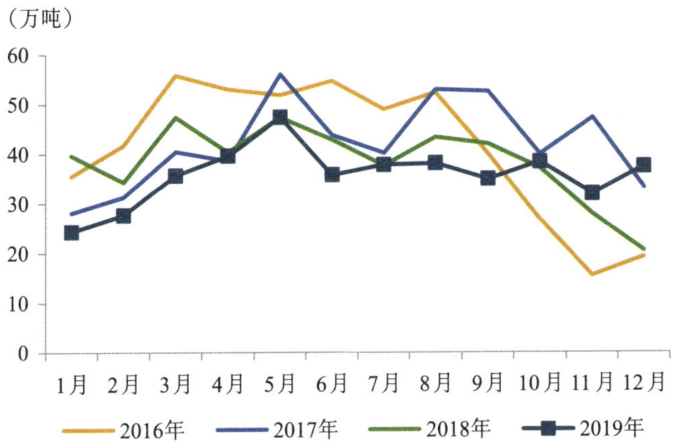

图 32　沥青进口量

资料来源：Wind。

（四）沥青价格分析

要想相对准确地判断石油沥青价格的走势，免不了要对其影响较大的因素进行了解。

1. 季节

沥青价格波动具有明显的季节性。由于沥青需要达到 100 摄氏度才能具有流动性，因此道路修筑工程多在夏季进行。一般来说，7 ~ 10 月是每年沥青需求的旺季。沥青需求淡旺季明显：雨季以及长江以北的冬季，都是沥青需求的淡季；其他则为旺季。淡季价格波动较小，且基本为跌势；旺季价格波动频繁，但基本为涨势。

2. 道路建设

公路建设的不断推进带动了道路沥青市场的快速发展。截至“十二五”末期，中国高速公路规划总里程将达到 13. 9 万公里。这一存量显示了未来道路维修、保养等能够对沥青产生的巨大需求。此外，2012 ~ 2015 年将新增高速公路 4. 4 万公里，年均增加 1. 1 万公里。按照 1 000 吨/公里的沥青消耗量计算，每年沥青需求的增量将达到 1 000 万吨。

3. 冬储

由于气温到达零度以下便无法用沥青进行道路修筑，因此沥青市场进入冬季缺乏终端需求，价格会回落。于是，便会有市场参与者以低价采购沥青储存，为旺季备货或用于投机。每年冬储一般于 11 月份开始。

4. 原油价格波动

石油沥青是原油蒸馏后的残渣，和原油的关联度较高，长期看与国际原油价格呈现一定的联动关系。2004 ~ 2013 年，国产长三角重交沥青价格与布伦特原油价格关系密切，布伦特原油价格上涨 1 美元/桶，沥青价格就上涨 31. 3 元人民币/吨，经汇率调整后，布伦特原油上涨 1 美元/桶，华东沥青批发价将上涨 4. 80 元，相关性系数达到了 75%。

5. 焦化料生产

焦化料和沥青存在替代关系。由于二者都通过常解压流程获得，因此，生产沥青就不能生产焦化料，而生产了焦化料就不能生产沥青，两者是“此消彼长”的关系。一般生产商会以利润为导向来安排是生产沥青还是焦化料。自 2012 年 11 月 1 日起，国家开始对焦化料征收消费税。常压渣油需承担税收成本，但减压渣油可以以沥青的名义销售，以规避税收。这也是生产商安排生产沥青抑或生产焦化料的一个影响因素。

除此以外，国内外宏观经济环境、国家道路基础建设政策、燃料油市场走势、炼厂销售策略、市场炒作因素等等，也都会对沥青的价格走势产生影响。

（五）企业如何利用沥青期货

1. 贸易公司卖出套保

案 例

某贸易公司常年拥有石油沥青库存，由于担心下游需求减少导致价格下跌，于是通过石油沥青期货进行套期保值，在期货市场上卖出为 5 000 吨沥青保值。2013 年 10 月 21 日，沥青现货价格为 4 600 元/吨，期货价格为 4 430 元/吨。由于担心下游需求减少导致价格下跌，某经销商欲在期货市场上卖出为 5 000 吨沥青保值，于是在期货市场卖出期货主力合约 500 手（1 手 10 吨）。此后沥青价格下跌，到 2014 年 1 月，现货价格跌至 4 300 元/吨，期货价格下跌至 4 100 元/吨。此时，沥青经销商 5 000 吨沥青在市场上被买家买走。经销商在期货市场上买入 500 手合约平仓，完成套保。具体盈亏见表 31。

表 31　　贸易公司卖出套保

日　期	现货市场	期货市场
2013 年 10 月	沥青现货标价 4 600 元/吨	卖出 5 000 吨（500 手）沥青期货，4 430 元/吨
2014 年 1 月	卖出 5 000 吨沥青，4 300 元/吨	平仓 5 000 吨（500 手）沥青期货，4 100 元/吨
套保盈亏	价格下跌 300 元/吨，销售收入减少 150 万元	期货盈利 330 元/吨，期货收益 165 万元
套保结果	现货价格波动，销售收入大幅减少	期货盈利，弥补现货销售收入后稍有盈余

2. 道桥公司卖出套保

案例

2014 年 1 月沥青现货市场价格为 4 200 元/吨，天顺道桥工程公司担心节后沥青价格继续上涨，造成成本上升，因此决定通过期货的多头套保规避风险。1 月初沥青期货价格大约为 4 100 元/吨，企业买入 1 万吨（1 000 手）进行保值。到 4 月下旬，沥青现货价格上涨至 4 500 元/吨，沥青期货价格上涨至 4 400 元/吨。该企业卖出平仓期货多头，结束此次套期保值操作（见表 32）。

表 32　　道桥公司卖出套保

日　期	现货市场	期货市场
1 月初	沥青现货标价 4 200 元/吨	买入 1 万吨（1 000 手）沥青期货 4 100 元/吨
4 月下旬	买入 1 万吨沥青 4 500 元/吨	平仓 1 万吨（1 000 手）沥青期货 4 400 元/吨
套保盈亏	价格上升 300 元/吨，购入成本上升 300 万元	期货盈利 300 元/吨，期货收益 300 万元
套保结果	现货价格波动，购入成本大幅增加	期货盈利，弥补现货成本上升

做功课

延伸阅读：沥青简史

考古研究发现，早在公元前 1200 年的古典时期的早期，人们已经开始应用天然沥青，在生产兵器和工具时用沥青作为装饰品，为雕刻物添加颜色。特别是在美索不达米亚地区，由于天然沥青充足的蕴含量，沥青被广泛利用。

生活在那里的苏美尔人用天然沥青覆盖在器皿和船的外面。另外，他们已经开始在黏土砖中使用天然沥青做结合剂。

在公元前7世纪的亚述帝国和巴比伦帝国，沥青已经在道路工程中投入使用。那时，沥青作为接缝材料和涂抹材料来装饰和加固华道。此后，沥青作为水泥一样的结合剂被用于建造中国的长城和巴比伦空中花园的密封工程。

罗马帝国时期，沥青被称为“犹太沥青”（Bitumen Iudaicum，Judenpech）。公元前100年，庞贝古城的罗马大道使用沥青填充接缝和涂抹外层。

罗马帝国衰落后，中世纪时期开始。在此期间，沥青失去了它曾经的辉煌。人们在过去1000年中积累的使用沥青的经验几乎遗失殆尽，直到18世纪人们才开始重新学习使用沥青。在公元1000年的阿拉伯人开始从天然沥青（Naturasphalt）中提取沥青（Bitumen）。方法是加热天然沥青（Naturasphalt）直到沥青（Bitumen）从中析出。

与作为建筑材料不同，15世纪时在中南美洲的印加帝国，人们把沥青用作医药用途。1595年3月22日，Walter Raleigh在探险途中于特立尼达岛发现了一个天然沥青湖。直到今天人们还在用这种自己从地下冒出的沥青修筑道路。

希腊医生Eirini d'Eyriny在瑞士的Val de Travers发现了储量巨大的沥青矿。一开始他只是对沥青的医药用途感兴趣，但是由于沥青作为工程材料的优良特点，他最终于1721年写成了论文《关于沥青的博士论文》（Dissertation sur L'Asphalte ov Ciment Naturel），并开始为现代沥青工艺的研究奠定基础。之后的300多年间（1712～1986年），不知有多少沥青通过位于Val de Travers的总长度超过100公里如迷宫般错综复杂的矿井隧道，被开采出来并销往世界各地。

在接下来的时间里，沥青的用途被扩大到屋顶防水层的密封。当时，用沥青加固路面还很昂贵，以至于只有富人专用的道路才能使用沥青加固面层。沥青第一次被使用在桥梁上是在Sunderland的一座木桥上用作沥青路面安装。

1810年，在里昂，沥青玛缇脂铺层被首次运用。10年以后在热那亚发展出了现代沥青油毛毡的前身并且获得成功运用。基于广泛的尝试，在 1837 年，沥青工艺被证明可以运用在公路工程上。1839 年在奥地利首都维也纳发现了通过重新加热可以使沥青再利用的方法。

1838 年在普鲁士的汉堡出现第一条被铺上沥青的道路。1851 年，从 Travers 到巴黎的公路上有 78 米长的部分铺上了沥青面层。仅仅 20 年后，巴黎的道路几乎被完全铺上沥青，不久之后这种情况发展到欧洲几乎所有的大城市。

随后，坚韧的沥青玛缇脂被发明出来；1842 年在奥地利的因斯布鲁克，浇注沥青被发明并于不久之后成功应用于道路工程施工中。基于沥青具有类似混凝土的特性，1853 年由 Léon Malo 提出了沥青混凝土的概念。为了得到足够的压缩比，1876 年人们开始用碾压的方法压缩沥青混凝土。

在 20 世纪初，伴随着工程材料价格的持续下降，沥青展示出更多的意义。1907 年，第一个沥青混合料构件在美国投入使用。1914 年，为了获得更好的折射率，人们在柏林第一次看到了沥青路面的赛车车道，紧接着沥青在道路工程中应用。1923 年，沥青应用于水坝的密封。为了加速施工进度和改良构件，1924 年在美国加利福尼亚州进行了第一次的道路完工验收检测。为了确定建筑材料的质量，接下来的几年中很多测试程序得到发展。这些程序直到今天依然有效地运用于交通工程的研究、设计和具体施工当中。1936 年发明了 Ring und Kugel – Versuch，一年后发明了 Brechpunkt Nach Fraa & Szlig，1941 年发明了马歇尔测试（Marshall – Test）。

通过专门的添加剂，1950 年起，在低温状态下进行沥青施工成为可能（被称为冷沥青）。为了确定合适的沥青结构厚度，1959 年，在奥地利发明了通过同位素进行无干扰研究的方法并得到成功验证。

为了使机场的飞机跑道尽快投入使用，1963 年在英国出现了干式沥青施工工艺。不久后的 1968 年第一次出现了玛缇脂沥青施工。20 世纪 70 年代在美国开始实践沥青回收再利用。为了得到更好的密封效果，1979 年开始在垃圾堆场工程中使用沥青。

推荐阅读：《石油沥青产品手册》

书名：《石油沥青产品手册》

作者：陈惠敏

出版社：石油工业出版社

简介：本书包括石油沥青产品的分类和规格标准、化学组成和物理性质、材料性能和产品应用、生产技术和生产能力、供需和市场等多方面内容。本书综合了国内和国外的资料和信息，提供约390个图表、详细目录和参考文献，以手册形式编写，目的在于方便查阅。考虑到沥青产品新观点和数据。本书可作为从事沥青研究、生产、管理、营销、使用等各方面工作人员的参考书和工具书。

精对苯二甲酸（PTA）

（一）兔耳苯宝宝——PTA

小张想参与期货，于是打开期货行情软件，但是一看满屏幕的商品代码，小张傻眼了。相对于一些农产品（如大豆、棉花、玉米、豆粕等），一般人对化工期货的代码，如有色金属（铜、铝、锌等）并不是太熟悉。这不，小张在郑州商品交易所看到了PTA这个商品代码，那么PTA到底是什么呢？

2017年，一组化学主题的“苯宝宝表情包”微博热传。表情包的主角是一组以“苯”为主题的结构式，因为“苯”的结构式“自带萌点”，俨然是个多边形的“口”字。仅仅是“苯宝宝”一脸“口”字的表情，和“乙烷（已完）”“乙砜（已疯）”等谐音，就足够让你笑上好一阵子，因此这组表情包就有了独特的笑点。其中，一个好似长着兔耳朵似的苯宝宝就是PTA。之所以这么说，是因为它有两个羧基处于苯环的对位，好像苯环对称位长着的两个兔耳朵。

PTA是精对苯二甲酸（Pure Terephthalic Acid）的英文简称，在常温下是白色晶体或粉末，低毒，可燃。PTA 若与空气混合，在一定的限度内遇火即燃烧甚至发生爆炸。它的自燃点 680℃，燃点 384℃ ~421℃，升华热 98.4kJ/mol，燃烧热 3 225.9kJ/mol，密度 1.55g/cm^3。PTA 溶于碱溶液，微溶于热乙醇，不溶于水、乙醚、冰醋酸及氯仿。

PTA 为石油的下端产品。石油经过一定的工艺过程生产出石脑油（别名轻汽油），从石脑油中提炼出 MX（混二甲苯），再提炼出 PX（对二甲苯）。PTA 以 PX（配方占 65%~67%）为原料，以醋酸为溶剂，在催化剂的作用下经空气氧化（氧气占 35%~33%），生成粗对苯二甲酸。然后对粗对苯二甲酸进行加氢精制，去除杂质，再经结晶、分离、干燥，制得精对苯二酸产品，即 PTA 成品。

（二）锦衣华服，别无“TA”物

知道了 PTA 是什么，那么小张的问题又来了，这么复杂的工艺做出来，PTA 到底是用来干什么的?

PTA 是重要的大宗有机原料之一，广泛用于化学纤维、轻工、电子、建筑等国民经济的各个领域。尤其在纺织行业中的作用是不可替代的，无数锦衣华服都出自“TA”（PTA 期货的交易代码）手。在国内市场，有 75% 的 PTA 用于生产聚酯纤维；20% 用于生产瓶级聚酯，主要应用于各种饮料尤其是碳酸饮料的包装；5% 用于膜级聚酯，主要应用于包装材料、胶片和磁带。

化纤是纺织纤维的一类，纺织纤维分为天然纤维和化学纤维。纺织纤维是指用来纺织布的纤维，纺织纤维的特点是：具有一定的长度、细度、弹性、强力等良好物理性能，还具有较好的化学稳定性。化学纤维就是用天然的或合成的高分子化合物做原料，经过化学和物理方法加工而制得的纤维的统称。

聚酯纤维，俗称涤纶，在化纤中属于合成纤维。合成纤维制造业是化纤行业中规模最大、分支最多的子行业，除了涤纶外，其产品还包括腈纶、锦纶、氨纶等。涤纶分长丝和短纤，长丝约占 62%，短纤约占 38%。目前，涤纶纤维产量仍以10%的年率增长，生产涤纶纤维消耗聚酯约占聚酯总消费量的90%。涤纶可用于制作特种材料，如防弹衣、安全带、轮胎帘子线、渔网、绳索、滤布及绝缘材料等，但其主要用途是作为纺织原料的一种。国内纺织品原料中，棉花和化纤占总量的90%。我国化纤产量位列世界第一，涤纶是纺织行业的主要原料。涤纶长丝供纺织企业用来生产化纤布，涤纶短纤一般与棉花混纺。棉纱一般占纺织原料的60%，涤纶占30%~35%，不过，二者用量因价格变化而替代。

这下小张弄明白了，原来PTA是由原油—石脑油—PX为原料加工而成，下游主要用于服装、家纺、工业用品等领域。

（三）全产业链根据期货定价

截至目前，PTA已经是化工领域中全产业链参与度最高的品种。目前在PTA贸易中已经看不到一口价报价模式，取而代之的是基差报价，即点价交易。

点价是指以某月份的期货价格为计价基础，再加上或减去双方协商一致的升贴水来确定双方买卖现货商品价格的交易方式。期货点价交易是一个期现结合的过程，交易双方达成一致才能成交。采购方可以在规定的期限内从期货盘面完成点价。

点价模式操作需要上下游企业在期货市场上进行买入或者卖出操作，这一操作的实质就是买入（卖出）套期保值，而之后签订合同时的价格标准是为了让期货价格的套保效果实现最优，基差风险被降至最低。目前在PTA市场使用期货点价较多的主要是贸易商（目前工厂也在逐步适应并运用点价模式），他们普遍紧盯着PTA期货定价合约（主力合约）价格来点价。在实际运作中，其挂牌价根据期货价格加/减去一定的升贴水。例如当前PTA1801期货价格为5 300元/吨，买卖双方只需要商定一个基差，例如商定基差是-40，即当下就以5 260元/吨（5 300-40）的价格成交。

（四）做 PTA 期货必须知道的那些事

通过上面的介绍，小张对于 PTA 产业链有了一个大概的了解，但是想到要参与 PTA 期货，小张又犯难了，什么时候该买？什么时候该卖？分析中需要关注哪些方面？那么接下来，我们一一列出做 PTA 期货需要知道的那些事。

1. 快速增长的 PTA 供求

全球 PTA 产能分区域来看，亚洲是全球 PTA 的主产地，亚洲占总供应量的 87%；而北美和西欧地区的生产能力远远低于亚洲水平，仅占全球供应的 13%。其中，中国 PTA 总产能 5 569 万吨，占全球 PTA 总供应量的 58%，远高于其他国家及地区，可见中国 PTA 占据国际首位。居于第二位的是中国台湾，PTA 总产能 687 万吨，占全球总产能的 7%；居于第三位的是印度，PTA 总产能 683.5 万吨，占全球总产能的 7%（见图 33、图 34 和图 35）。

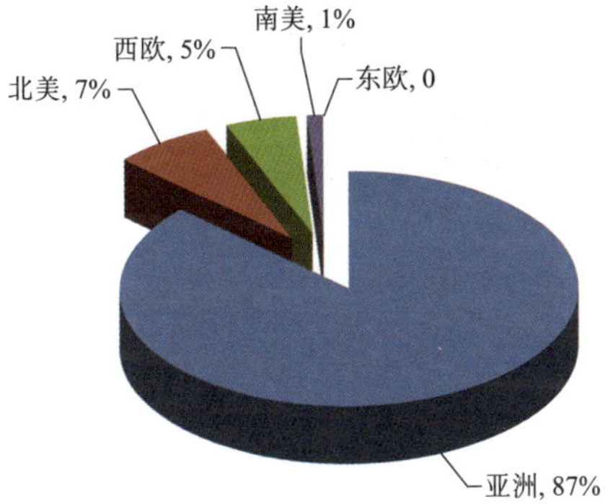

图 33　全球 PTA 产能分布图

资料来源：CCFEI。

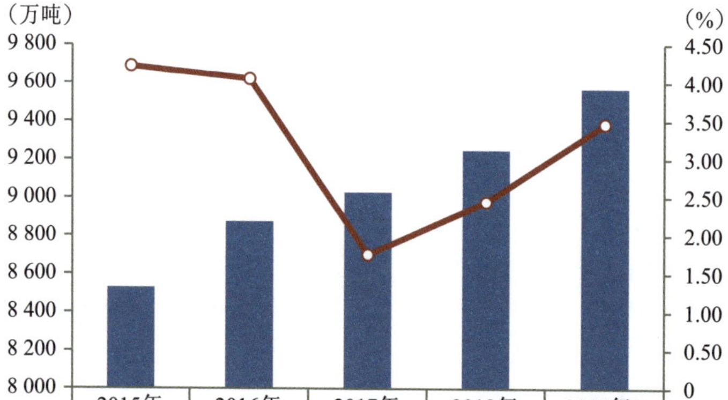

	2015年	2016年	2017年	2018年	2019年E
产能（左轴）	8 528.5	8 873.5	9 028.5	9 248.5	9 568.5
增速（右轴）	4.22%	4.05%	1.75%	2.44%	3.46%

图 34　全球 PTA 产能增长趋势

资料来源：卓创资讯。

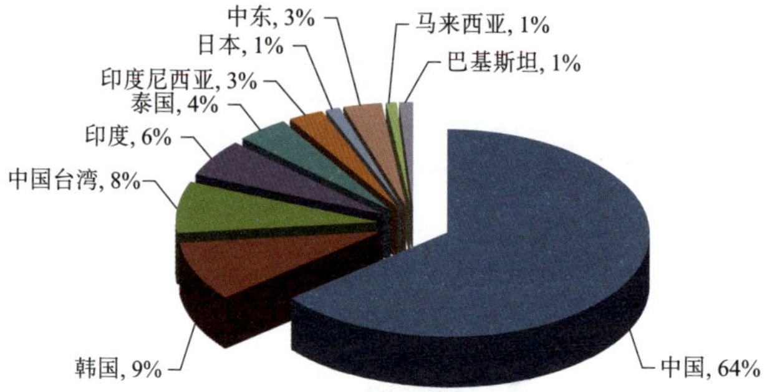

图 35　亚洲 PTA 装置分布图

资料来源：CCFEI。

2000 年以来，随着我国聚酯工业的快速发展，其原料 PTA 日益成为聚酯产业链中的薄弱环节。2002 年以后，在国家政策支持下，国内 PTA 产能开始快速增长，不断提升整个纺织化纤产业的竞争力。2005 年，我国的 PTA 产能达到 589. 5 万吨，产量达到 565 万吨，产量占亚洲的 20%，占全球的 15%，一举成为世界上最大的 PTA 生产国。2008 年，国内 PTA 产能达到 1 258 万吨，占整个亚洲地区产能的 1/3 和世界产能的 1/4 以上。行业内有这样的说法：全球产能增长在亚洲，亚洲产能增长在中国。截至 2019 年，全国 PTA 总产能 5 569 万吨，同比增加 9.16%，成为产能增速由低向高趋势转变的拐点。与产能增速同步，2015～2019 年，中国 PTA 产量稳步增加，2019 年 PTA 年度产量 4 475 万吨，同比增长 9.85%。

2012 年以前，全球十大 PTA 生产商中，中国大陆及中国台湾地区虽然能排入前 5 位，但基本处于榜尾的位置，且全球最大型的生产企业也不在中国。但进入 2012 年，这个局面已改变，随着逸盛海南、大连两套装置的相继投产，2012 年起逸盛石化以累计 1 060 万吨的总产能超越英国 BP，位列全球 PTA 产能第一的位置。2015 年随着恒力 3 号装置的投产，全球 PTA 生产厂家前 5 位中已有 3 席属于中国，而前 10 位榜单上的半壁江山已被我国占有（见表 33）。

表 33　2015 年全球十大 PTA 生产企业　（单位：万吨）

序号	企业	大致总产能
1	中国逸盛	1 350
2	英国 BP	1 025
3	中国恒力	910
4	日本三菱	530
5	中国福海创	450
6	中国嘉兴石化	370
7	中国石化	333
8	印度信诚	319
9	中国汉邦石化	310
10	日本三井	262

资料来源：公开资料。

随着 2006～2007 年我国 PTA 产能的集中投产，我国 PTA 产业进入发展期，产能增速保持在每年约 100%；进入 2012 年，PTA 产能迎来了大爆发，直接导致了市场结构的变化，PTA 的盈利状态由 2012 年前的 1 500～2 000 元/吨左右下降至亏损状态。2014 年开始，产能严重过剩的市场开始进行自我淘汰，一些落后老旧的小装置率先退出了历史舞台。2015 年随着两家大生产商的意外或非意外停产，PTA 市场结构再度回到前期紧平衡的状态。经过几年的低迷期，从 2016 年下半年开始，下游聚酯逐步进入景气周期，带动上游逐步复苏；从 2019 年开始，PTA 产能再次爆发，特别是 2020 年预计产能增速能达到 22%（见图 36）。

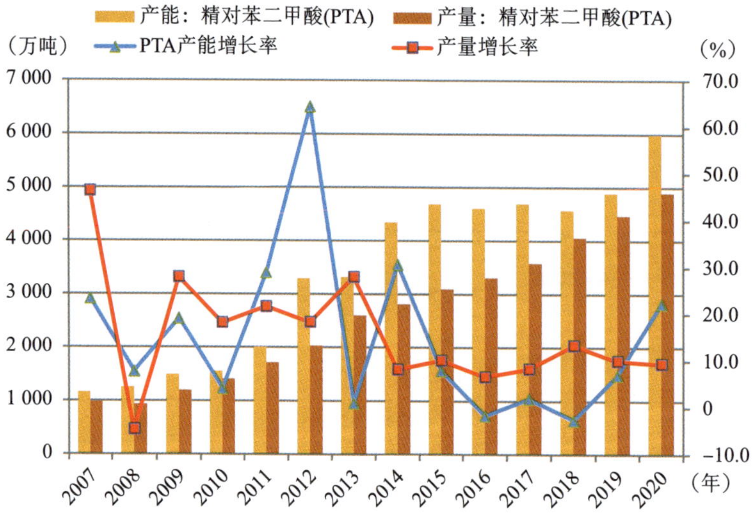

图 36　PTA 国内产能产量增速情况

资料来源：CCFEI。

从分布区域来看，2009 年以前，我国 PTA 生产装置主要集中在江浙一带。但近两年，随着逸盛和恒力在辽宁市场的大幅投产，辽宁地区产能在 2015 年借由恒力 3 条线的投产，上升至全国之首。2019 年末 2020 年初，其 4

号装置250万吨投资，产能进一步提高；其5号线220万吨约在2020年第二、三季度投产。目前辽宁地区的PTA总产能达到1 510万吨/年，占全国PTA总生产能力的29%；浙江地区，尤其是宁波地区，长期以来是长三角洲地区最重要的PTA生产基地之一，其PTA的总生产能力以往总是占据全国首位，2015年虽被辽宁抢占了榜首位置，但目前其以总产能1 405万吨/年仍能排全国总生产能力的第2位，占26.8%；位居第3位的江苏地区，基本就是扬子石化、仪征化纤等中石化旗下的生产企业，以及2010年后聚酯PET产业向上游PTA产业整合而生的汉邦、海伦石化及虹港石化，目前江苏地区总的PTA产能为880万吨，占全国PTA生产能力的16.8%左右；福建地区的主要PTA装置是翔鹭石化（2019年重组后更名为福海创），加上佳龙的60万吨小装置，目前福建地区的总产能为510万吨，同样占全国总生产能力的9.7%；广东、海南、上海等地的市场占有率较为平均（见图37）。

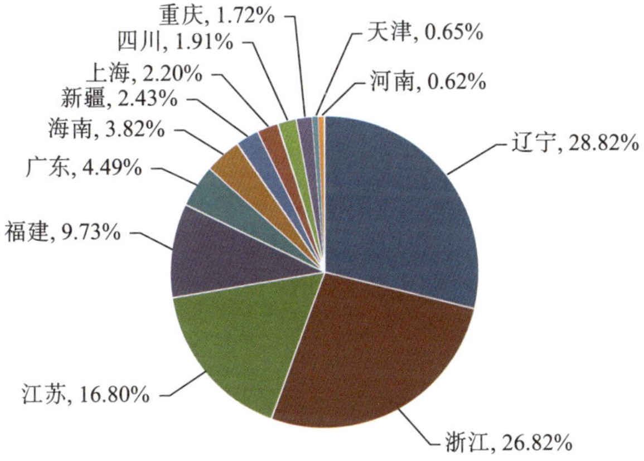

图37　中国PTA分省市产能分布

资料来源：隆众资讯。

不仅全球产能分布相对较为集中，中国的主要产能也基本集中在部分企业，目前，逸盛石化1 350万吨、恒力石化910万吨、福海创450万吨、嘉兴石化370万吨、汉邦290万吨、海伦石化240万吨、珠海BP235万吨、独山能源220万吨，八大公司的产能占据了中国PTA产业的大半壁江山，占全国PTA产能的77.6%左右，其中新产能、大产能很难见到国有企业的身影。如今民营生产企业正以飞快的发展速度赶超老牌国有生产企业，新增产能基本以民营企业为主，且朝着一体化的趋势发展。特别是随着2019年恒力石化、浙江石化大炼化的投产，国内民营企业迎来了一体化发展的开端，实现了同一企业内从一滴油到一根丝的产业布局。

全球PTA消费增长在中国。聚酯是PTA的最主要的消费领域，而聚酯市场的变化直接影响PTA价格走势。在高利润、国产化技术成熟、投资成本大幅下降的驱动下，中国聚酯产业迅猛发展，中国聚酯产能由1998年底的398万吨迅猛增加到2019年底的5 835万吨，年均增长率高达13.6%。聚酯原料市场因此出现根本性的变化。中国是世界上最大的聚酯生产国，理所当然地成为世界最大的PTA消费国。2001年我国PTA的表观消费量仅547.1万吨，2004年中国PTA需求突破1 000万吨至1 014万吨，而2019年中国的PTA表观消费量达4 474万吨，占世界PTA消费量的1/3和亚洲PTA消费量的1/2。通俗地说，世界上每3吨PTA中有1吨、亚洲每两吨PTA中有1吨被中国的聚酯工厂消化。

2017~2019年，PTA的应用相对比较集中，大约95%以上的PTA用于生产聚对苯二甲酸乙二醇酯（简称聚酯，PET），另5%主要应用于生产PBT、增塑剂以及聚酯树脂行业。2017~2019年聚酯（涤纶长丝、涤纶短纤、PET瓶级、聚酯切片以及BOPET）消费占比逐步由96.47%提升至96.76%，比重逐步加大。主要是因为聚酯仍处于产能投放周期，是PTA消费的主力军（见图38）。

从聚酯产品结构来看，涤纶长丝消费量达到2 342.54万吨，占PTA总消费量的53.34%。PET瓶级消费量754.22万吨，占总消费量的17.17%。纤维级切片消费量540.68万吨，占总消费量的12.31%，超出涤纶短纤对PTA消费占比，主要原因在于纺织行业整体行情处于上升趋势使得市场熔体直纺长丝投产集中，带动了侧切切片的产量增幅，从而跃居消费量第三位。

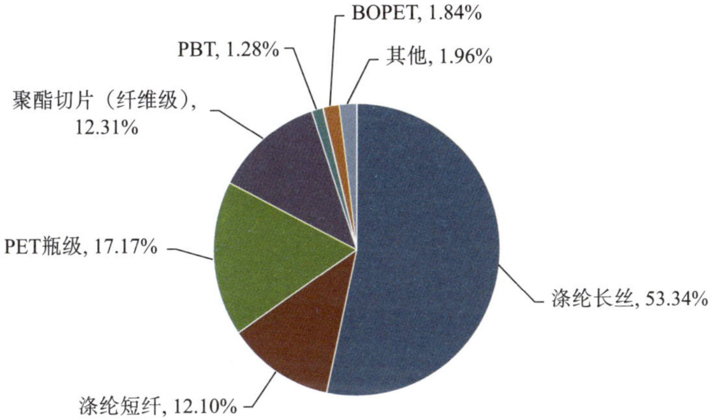

图 38　2019 年 PTA 下游消费行业对比

资料来源：卓创资讯。

2. 供求关系变化是决定 PTA 价格走势的根本因素

PTA 的市场价格一方面由其成本高低决定，另一方面也受到供求关系的制约。当成本不变、供大于求时，PTA 价格会下跌；供不应求时，价格会上涨。当供求关系稳定时，成本上涨会带来价格上涨，而成本下降则导致价格下跌。当成本上升同时供应紧张时，两者会对价格产生很强的向上拉动，而当成本下降同时供过于求时，会对价格造成较大的下行压力。如果原材料价格上涨的同时，产品供过于求，则 PTA 价格总方向以下跌的可能较大，但在一定程度上会受到成本的支撑，产品价格尽管疲弱，但短期会位于成本之上，应谨慎看空。如果产品供不应求，而成本处于下降状态，则 PTA 价格趋势向上的概率较大，但同时，成本的下降会遭遇潜在的市场进入者的威胁，增加供应量，从而对价格会有下拉作用，应谨慎看多。

3. 为何原油价格与 PTA 价格经常出现背离

原油作为 PTA 产业链上产品上游的源头，其价格的涨跌直接影响着聚酯及下游市场的心态，对 PTA 价格的影响很大。因为大家都习惯以原油价格的涨跌来确定原材料的采购，因此，原油行情的方向甚至将主导整个产业链产品价格的行情。总体上看，原油价格与 PTA 价格是正向关系，在其他因素稳定的前提下，原油价格将是 PTA 价格走势的主导力量。历史上，PTA 很多次大的上涨行情都是由原油价格大涨带动的，而原油价格大幅回落会使下游产品市场人心涣散，价格跟跌，PTA 价格也会因失去成本的支撑而大幅下滑。

而由于原油与 PTA 之间还有 MX、石脑油等环节，因此，原油价格与 PTA 价格的背离情况也时有发生，原油价格对 PTA 行情的主导作用并不是永恒的。当原油价格保持一定的趋势时，PTA 产业其他影响因素的变化往往成为影响 PTA 价格的重要因素。在 2007 年上半年，原油价格持续上涨而 PTA 因新产能集中推出，产品供过于求，加之新产品低价抢占市场，PTA 价格逆原油等上游产品价格的上涨而一路下滑，这表明当原油价格与 PTA 价格背道而驰的时候往往都是 PTA 自身供求关系发生了较大的变化。

4. PX 价格对 PTA 价格的影响

PX 是生产 PTA 最直接和最主要的原料，全球范围内超过 90% 的 PX 是用来生产 PTA 的，二者之间关系十分密切，其相关性甚至比原油更强。而从 PTA 及 PX 的历史价格演变中，我们可以得到与原油价格相同的结论，即在 PTA 自身供求关系相对稳定或没有太大变化时，原料 PX 价格的涨跌会直接导致 PTA 现货价格的涨跌，但当 PTA 自身供求关系发生较大变化且这种变化对价格的作用与成本变化作用相反时，PTA 价格往往被供求关系左右。

5. PTA 自身运行负荷对其价格会有哪些影响

运行负荷及开工率，是指处于开启状态的产能占总产能的百分比。PTA 生产运行负荷的变化直接导致供求关系的变化。运行负荷降低产量减少，供求关系朝着紧张的方向发展，而运行负荷提高，供求关系朝着供给增加的方向发展。正常情况下，PTA 生产装置每年需要检修一次，PTA 生产企业会选择淡季或市场行情不好的月份进行装置检修，以降低市场风险，从而会对市场供应造成影响。尽管运行负荷的变化对行情的影响较大，但负荷的变化并不能绝对地左右产品价格的走势，它也是通过与成本变化的合力共同作用，决定价格走势的。所以，PTA 自身运行负荷的变化，值得我们密切关注，其重要性不亚于成本的变化，也是绝对不容忽视的大因素。

6. PTA 进口量对行情的影响有哪些

我国 PTA 的进口依存较高，因此，进口量的变化对于 PTA 的供求关系影响是不容小视的。进口量增加的直接后果是之后一段时间内聚酯企业在国内市场采购需求会下降，国内市场会出现供过于求的态势，这自然对 PTA 价格产生较强的下拉作用，而如果此时恰逢原油或 PX 价格下跌，那么进口量的增大无疑对 PTA 价格产生强烈的助跌作用。反之，如果 PTA 进口量减少，之后一段时间内聚酯企业的采购需求就会上升，国内补货量的增加就会对 PTA 价格产生上拉的作用，此时，如果原油及 PX 价格上涨，那么进口量的减少就会对 PTA 价格产生强烈的助涨作用。但进口量对价格的影响并不是绝对的，PTA 进口量仅在短期内反向影响国内 PTA 的需求，而 PTA 市场行情的发展取决于多方面因素共同作用的结果，进口量的变化仅是影响 PTA 价格众多因素中的一个分力而已。

7. 聚酯运行负荷的变化对 PTA 价格有哪些影响

聚酯生产运行负荷变化是最能反映下游对于 PTA 需求变化的指标。PTA 行情在上涨过程中，因生产周期的滞后性，聚酯产品出厂时价格已经上涨，利润空间会放大，利润水平一般都会较为理想，聚酯工厂生产负荷也往往会加大，而此时对于 PTA 的需求就会增加，需求的放大势必会加大价格继续上涨的动力。相反，在 PTA 行情下跌中，生产利润会下降或有亏损，聚酯工厂生产负荷也往往会下调，自然对原材料 PTA 的需求会逐渐减少，供求关系将向供过于求的方向发展，会加速 PTA 行情的下跌。

8. 聚酯产品出口量对 PTA 行情的影响

随着我国聚酯产业的快速发展，国内聚酯市场竞争日益激烈，聚酯企业未来扩大生存空间。不断开拓海外市场，聚酯产品出口量逐年快速增加。聚酯出口量的增加同时也意味着对 PTA 需求的增加，如果出口量萎缩，则表明国内聚酯剩余产能利用率下，对 PTA 的需求也将下降。一般，聚酯产品出口量增加时，会对 PTA 行情产生明显的助涨作用，出口量减少时，会对 PTA 行情产生打压作用。与其他因素相同，聚酯产品的出口量不能单独决定 PTA 的行情走势，但聚酯产品出口量的变化可以影响到聚酯生产的运行负荷，进而间接地影响到对 PTA 的需求。

9. 终端需求变化通过什么渠道对 PTA 价格产生影响

正如产品成本的高低会向下游传递、转嫁一样，下游需求的大小变化也是会向上游传递的。中国轻纺城是反映国内纺织品需求变化的一个窗口，当中国轻纺城销量极低时，说明织造厂家面料销售困难，积压会严重，这种情况下织造企业减少产量的可能性就很大，对聚酯纤维的需求自然会减量，这无疑会导致聚酯厂家涤丝产销率下降，库存压力上升。这种情况如果持续，涤丝厂家为缓解库存压力便会降价促销。但此时市场会有“买涨不买跌”的心态，行情越是下跌，产品销售越是困难。当库存压力不能有效缓解时，聚酯厂家只能降低负荷减少产出，这样做的直接后果就是对原料需求的萎缩，PTA 自然难逃厄运。

当中国轻纺城销量位于相对高位时，说明纺织品终端需求旺盛，未来销售形势乐观，各个环节的贸易商往往会积极采购压库，涤丝的产销率会明显上升，涤丝行情上涨的概率也会很大。这种情况下，聚酯厂家一般运行负荷都会较高，对原料 PTA 的需求也会上升，因此，对 PTA 的行情也会产生较大的助涨作用。

10. 棉花价格走势是否能影响 PTA 的价格

PTA 的下游产品是涤纶，与棉花同为纺织品的原料，二者存在替代关系，因此，二者价格的关系会影响各自在纺织配料中的用量，从而影响 PTA 的需求。棉花与涤纶产品的替代关系主要表现在涤纶短纤上。与棉花相比，涤纶短纤的价格优势较强，业内普遍认为二者价差在 3 000 元/吨左右是比较理想和正常的。如果价差放大，涤纶短纤的价格优势会更加突出，涤纶短纤的用量可能增加；当价差缩小时，涤纶短纤价格优势下降，用量缩小。涤纶短纤用量的变化当然影响到聚酯总量的变化，进而影响对原料 PTA 的需求。

生产与消费区域不平衡并受相关运输条件影响较大的背景下，甲醇在不同地区不同时段的价格与当地库存水平存在较明显的负相关性，表现为库存水平较高，价格走低；库存水平较低，价格走高。

（六）甲醇期货合约

2011 年 10 月 28 日，经中国证监会批准，甲醇期货合约在郑州商品交易所上市交易，这也是全球首个甲醇期货合约（见表 25）。

表 25　郑州商品交易所甲醇期货合约

项　目	内　容
交易品种	甲醇
交易单位	10 吨/手
报价单位	元（人民币）/吨
最小变动价位	1 元/吨
每日价格最大波动限制	上一交易日结算价 ±4% 及《郑州商品交易所期货交易风险控制管理办法》相关规定
最低交易保证金	合约价值的 5%
合约交割月份	1 ~ 12 月
交易时间	每周一至周五（北京时间，法定节假日除外） 上午 9：00 ~ 11：30，下午 13：30 ~ 15：00，晚上 21：00 ~ 23：30
最后交易日	合约交割月份的第 10 个交易日
最后交割日	合约交割月份的第 13 个交易日
交割品级	见《郑州商品交易所期货交割细则》
交割地点	郑州商品交易所甲醇指定交割地点
交割方式	实物交割
交易代码	MA
上市交易所	郑州商品交易所

（六）PTA 期货套利

1. PTA 跨期套利

案例

小张了解了参与期货单边交易所要注意的事项，而单边操作风险较高，那有没有其他风险较低的参与期货的方式呢？接下来就介绍 PTA 期货中的价差交易：跨期套利和期现套利。

跨期套利是套利交易中最普遍的一种投资方式。在现货市场上，持有商品是存在成本的，这些成本包括仓储费、资金占用费（利息）等费用，这些费用构成了期货市场上不同期间合约价差的主体部分，因此同一品种的不同合约之间应该维持一个较为合理的期间价差。一旦价差扩大超出合理范围，投资者就可利用这一价差进行对冲而获利，特别适合持有大量低成本资金作为资本增值和避险的操作。

正泰投资公司的投资经理彭飞专注于 PTA 的投资。2008 年，彭飞发现 PTA 存在非常好的跨期套利机会。在他看来，PTA 套利成本 = 仓储费 + 资金利息 + 交易、交割费用 + 增值税。当时，TA803 与 TA805 的套利成本为：$0.4 \times 61 + 2 + 16 + 282 \times 0.17 = 90.34$（元）。因此，买近卖远跨期套利已经具有可行性。

但是在实际操作中，交易完成后可能会出现两种情况：一是价差缩小，以对冲平仓了结交易，实现目标利润；二是价差扩大，则通过两次实物交割完成交易，通过接仓单的方式实现套利利润。2008 年 2 月 20 日，郑州商品交易所 TA803 月合约 7 542 元和 TA805 月合约 7 824 元价差 282 元，这时存在着跨期套利机会，即买 TA803 合约卖 TA805 合约，交易完成后会出现上述两种情况。

针对第一种情况，如果 TA803 合约和 TA805 合约价差缩小至 100 元左右，就在期货市场同时完成对冲赚取价差缩小的利润。

保证金：803 合约为 $100 \times 5 \times 7\ 542 \times 9\% = 339\ 390$（元）；

805 合约为：$100 \times 5 \times 7\ 824 \times 9\% = 352\ 080$（元）；

手续费：$100 \times 2 \times 8 \times 2 = 3\ 200$（元）

利润：$(7\ 824 - 7\ 542 - 100) \times 100 \times 5 - 3\ 200 = 87\ 800$（元）

利润率：利润 ÷（保证金 + 手续费）$= 87\ 800 \div (339\ 390 + 352\ 080 + 3\ 200) \times 100\% = 12.6\%$

针对第二种情况，由于其中涉及实物交割，需收取 100% 保证金，需加入资金成本一项。

（1）交割占用资金量：$7\ 542 \times 5 \times 100 = 3\ 771\ 000$（元）；

（2）该部分资金的利息：$[(3\ 771\ 000 \times 6.57\%) \div 12] \times 2 = 41\ 292.45$（元）（6 个月以内的贷款年利率为 6.57%）；

（3）利润：$[(282 - 90.32) \times 5 \times 100] - 41\ 292.45 = 54\ 547.55$（元）；

（4）利润率：$54\ 547.55 \div 3\ 771\ 000 \times 100\% = 1.4\%$。

2. PTA 期现套利

案例

小张在了解跨期套利之后，进一步研究了期现套利。期现套利是指某种期货合约，当期货市场与现货市场在价格上出现差距，从而利用两个市场的价格差距，低买高卖而获利。理论上，期货价格是商品未来的价格，现货价格是商品目前的价格，按照经济学上的同一价格理论，二者间的差距，即“基差”（基差 = 现货价格 - 期货价格）应该等于该商品的持有成本。一旦基差与持有成本偏离较大，就出现了期现套利的机会。其中，期货价格要高出现货价格，并且超过用于交割的各项成本，如运输成本、质检成本、仓储成本、开具发票所增加的成本等等。期现套利主要包括正向买进期现套利和反向买进期现套利两种。按照风险度划分，期现套利分为无风险套利和有风险套利。无风险套利一般在市场上操作是买现货抛期货。当期货价格减去现货价格的价差能够覆盖所有的交割、运输、质检、交易、仓储等成本时，此时这个交易是相对确定的。

某贸易公司在 2015 年初的时候，监测到 PTA 基差长时间在 –200 元/吨以上的水平，经过测算，期货交割费、仓储物流费、交易费、增值税等总和也达不到 200 元/吨，于是小张决定在现货市场上买入 PTA 现货，同时在期货市场上抛 TA1505 合约。经保守测算，如果该贸易公司到期交割，将有年化 4%~5% 的收益（见图 39）。

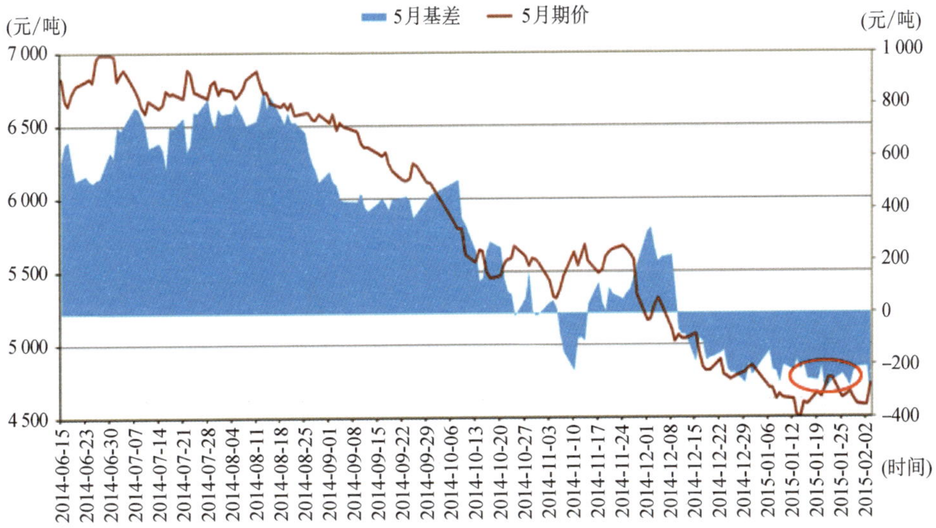

图 39　PTA 基差走势图

3. PTA 基差交易

另一种套利即有风险套利，在实际中也称为基差/价差交易。说白了，假设我们预测未来基差/价差将走强，即现货/近月合约 – 远期合约缩小，我们可以买现货/近月合约，同时抛远月合约，待价差达到目标位，平仓了结，如果有现货头寸，在现货市场上处理即可。做基差/价差套利其实就是在交易价差，与绝对价格无关，其波动性也小于绝对价差的波动性，当然收益也低于单边绝对价格，但风险相对要小很多。

案例

某贸易商在 2017 年 9 月初的时候，由于下游需求旺盛，而 PTA 装置未来又有检修，综合判断未来现货偏紧可能持续一段时间，根据供需分析，其预计现货基差会走强，当时的基差为 –100 元/吨，于是其在现货市场上按市价 5 255 元/吨买入现货，同时在期货上按照 5 374 元/吨抛出 TA1801 合约。随着时间的推移，到了 9 月下旬，现货确实走强，同时基差为 –55 元/吨。该贸易商的预期兑现，于是在现货市场上以市价 5 255 元卖出现货，同时平掉期货头寸，平仓价格为 5 310 元。综合来看，基差走强，该贸易商最终盈利 45 元/吨（见图 40）。

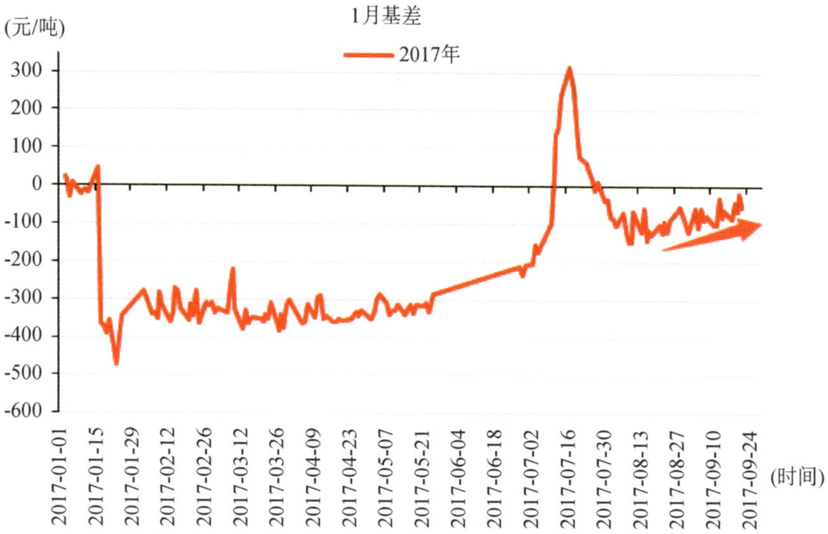

图 40　PTA1801 合约基差走势

做功课

延伸阅读：华联三鑫期货逆势巨亏破产

创立于2003年3月的浙江华联三鑫石化有限公司在2008年夏季逆势做多PTA期货0809合约，因为错误地估计了形势，华联三鑫于9月份被迫以高价接下了巨量期货实盘，涉及资金至少10亿元，最后破产重组。曾经入选中国500强企业大名单的华联三鑫用了5年时间做到了亚洲第一，而在一夜之间全军覆没。这是什么原因导致的？

2008年该企业面对的外部环境是：

国际原油价格屡创新高，上游原料PX价格高位运行，下游聚酯行业需求不旺，国内PTA产能集中释放，进口量剧增，加之人民币升值和银根紧缩等因素使得PTA市场供求关系失衡，行业形势非常严峻。

为了企业的生存，当时的华联三鑫兵行险招：悍然在期货市场发动多头行情，并同时在现货市场进行炒作，希望造成现货紧张局面，借机重塑市场信心，改变PTA价格走势。但事情并没有朝他们所希望的方向发展，在华联三鑫逆势做多PTA期货的同时，其竞争对手翔鹭石化、扬子石化等公司没有响应，反而在高位大举抛货，加速了华联三鑫的失败。

PTA0809合约倒数第二个交易日（9月11日），交易所公布的数据显示，多头主力席位天马期货当天尚持买仓量2.3万手（每手5吨），当天天马期货为规避交割月期货公司及客户持仓量限制而申请的多头套期保值数量则为2.1万手。加之在其他席位上也有一定的多头头寸，所以当时的华联三鑫在期货市场“硬”接了约15万吨的实盘，被套资金对多达十几亿元。

究其失败的原因，一方面是逆势做多，另一方面是其原本就是PTA的生产企业，接下现货等于增加库存，对自己的生产经营毫无益处。

推荐阅读：

书名：《PTA：现货基础与期货实践》《PTA 期货交易策略》

作者：施建军、徐智龙

出版社：中国财政经济出版社

简介：这两本书为市场上有关介绍 PTA 的“元老级”书籍。《PTA：现货基础与期货实践》介绍了 PTA 的现货相关基础，以及如何简单地运用期货进行交易。《PTA 期货交易策略》是前一本书的升级版，对于期货投资进行了更加详细的介绍，包括投资哲学、趋势投资、企业套保套利行为、资产配置、组合投资、期货投资策略的前沿问题等。

乙二醇（MEG）

（一）纺织工业的血液

1. 透明又略带甜味

说起乙二醇，很多人不是很熟悉，但是说起的确良衣服，估计大家都觉得比较亲切。乙二醇是作为涤纶丝的重要原料之一，而涤纶丝是重要的化纤品种，的确良面料就是由涤纶丝纺织而来。下面就让我们来认识一下乙二醇。

乙二醇，又名甘醇。化学式是 $HOCHC_2—CH_2OH$，是一种简单的二元醇，无色无臭、有甜味液体，能与水以任意比例混合，用作溶剂、防冻剂以及合成聚酯树脂等的原料。乙二醇对动物有毒性，人类致死剂量估计为 1.6 克/公斤，不过成人服食 30 毫升已有可能引致死亡。

2. 面粉（乙二醇）与水（PTA）联合纺丝

乙二醇与PTA共同用于生产聚酯纤维，此外乙二醇还可以用于防冻剂、不饱和聚酯树脂、润滑剂、增塑剂、非离子表面活性剂以及炸药等，还可用于涂料、照相显影液、刹车液以及油墨等行业，用作过硼酸铵的溶剂和介质，用于生产特种溶剂乙二醇醚等，用途十分广泛。乙二醇是重要的精细化工原料，属于醇类产品中应用较为广泛的产品之一（见图41）。

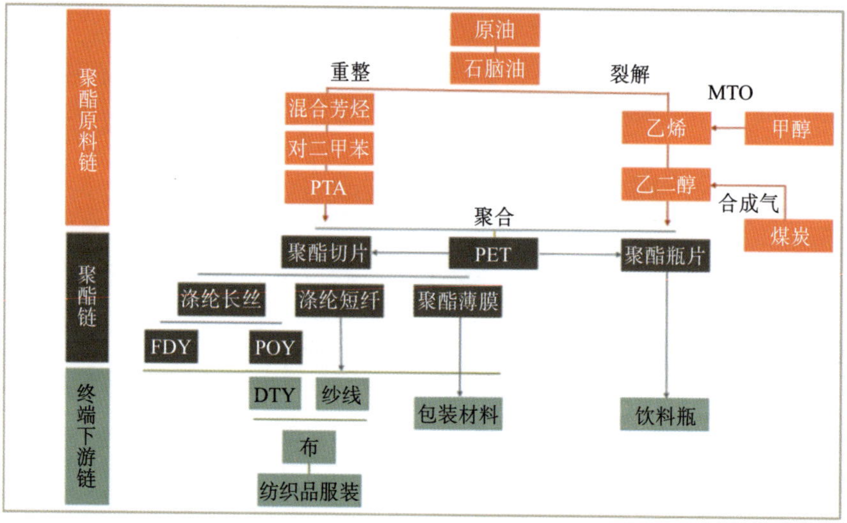

图41　聚酯产业流程图

资料来源：卓创资讯。

3. 乙二醇的来源多样化

乙二醇位于聚酯产业链的中间环节，由原油常减压蒸馏得到石脑油，通过石脑油裂解生成乙烯，由乙烯作为原料合成乙二醇，0.855的PTA与0.335

的乙二醇聚合得到 PET（包括聚酯切片、涤纶长丝、涤纶短纤、聚酯瓶片、聚酯薄膜），最终应用于纺织品服装、包装材料、饮料瓶等终端领域。此外乙二醇可通过合成气路线由煤炭等原料通过制取 CO，再由 CO 催化偶联合成草酸酯，进行加氢生成乙二醇；以及 MTO 法进行甲醇制乙烯，合成乙二醇。

详细来看，目前中国乙二醇主流生产工艺有三种：一体化（石脑油/乙烯法）、MTO 与煤制乙二醇。其中一体化（石脑油/乙烯法）总产能 535.20 万吨，占比 47.95%；MTO 总产能 92 万吨，占比 8.24%；煤制乙二醇总产能 489 万吨，占比 43.81%（见图 42）。

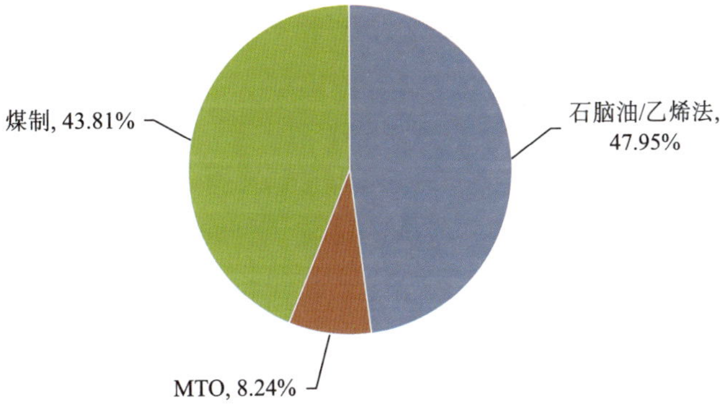

图 42　国内乙二醇生产工艺产能占比

资料来源：根据公开资料整理。

此外在中东以及美国乙烷丰富的地区，主要是以乙烷裂解制乙烯，进而合成乙二醇的工艺。

现阶段中国乙二醇市场特色鲜明：基于聚酯行业的下游消费规模较大、中国产品自给率较低，煤制乙二醇工艺发展迅速，作为煤炭大国煤化工的深远发展使中国的煤制乙二醇得以规模化发展。就目前中国乙二醇生产格局来看，以中石化、中石油为主的油头乙二醇装置占据较大份额，而煤制乙二醇行业虽新增产能较为迅速，但由于该领域技术处于逐渐成长阶段，因此短期内市场存在产能增速较快但产量增速缓慢的不匹配状态。随着煤制乙二醇工艺的逐步优化，煤制乙二醇行业对中国产量的贡献度将逐步提高。

（二）乙二醇（MEG）供应“快马加鞭”

1. 全球 MEG 仍在增长

2019 年全球乙二醇产能分布仍呈现“全球看亚洲、亚洲看中东”模式。2019 年全球乙二醇产能在 4 084.7 万吨，除中国以外的其他地区中，中东地区以其丰富的能源优势，原油下游衍生品发展迅猛，2019 年中东地区乙二醇总产能 747 万吨，占全球乙二醇总产能的 18.29%。年内新增产能主要集中在美国、沙特、马来西亚和中国市场，中国市场新增产能 65 万吨；从国际市场来看，年内国际市场乙二醇新增产能为沙特 YanSab（延布石化）14 万吨、美国 Lotte（乐天）70 万吨、美国 Sasol（萨索尔）28 万吨、美国 MEGlobal（陶氏）75 万吨、马来西亚 Petronas（马石油）产能 75 万吨（见图 43）。

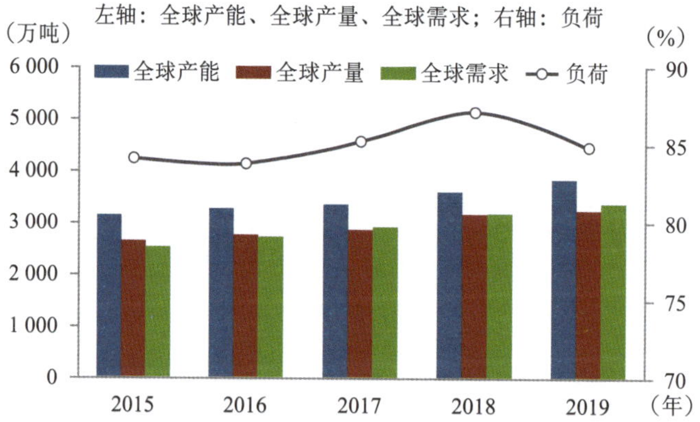

图 43　全球 MEG 产能产量情况

资料来源：CCF。

2. 国内产能产量步伐加快

近几年中国市场受益于煤化工行业技术的长足进步，中国乙二醇行业呈现快速发展状态，2019 年中国乙二醇总产能提升至 1 116.2 万吨，5 年年均增速为 10.64%。而进入 2020 年后，中国乙二醇供应水平预期再度大幅度提升，主要得益于恒力石化（一、二期）及浙石化（一期）、新疆天业（四期）等项目的产能投放，中国乙二醇自给能力将得到明显提升（见图 44）。

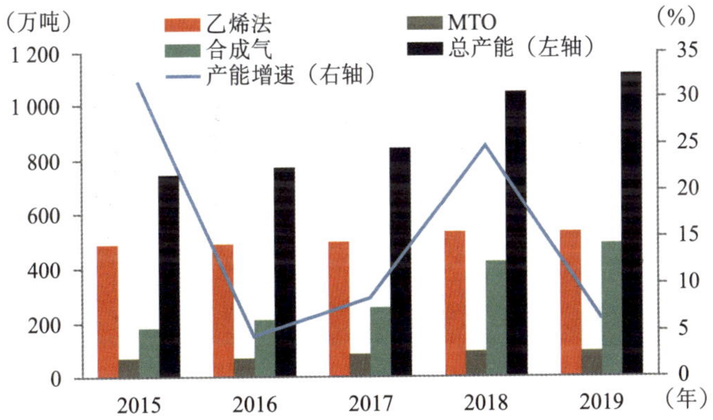

图 44　2015～2019 年国内乙二醇产能对比

资料来源：卓创资讯。

分地区来看，其中华东地区总产能 476 万吨，占总产能的 42.64%；华北地区总产能 220.20 万吨，占总产能的 19.73%；第三位为华中地区，当地总产能 148 万吨，占总产能的 13.26%。

从产量方面来看，2015～2019 年中国乙二醇产能保持高速增长，5 年年均产能增速 10.64%；截至 2019 年，乙二醇行业产能 1116.2 万吨（包含新投产的兖矿荣信 40 万吨装置)。2015 年前后,在乙二醇产能高速增长的同时,由于受到煤制装置生产稳定性较差的影响,且因当时行业环境景气度较差,中国乙二醇开工负荷整体偏低,维持在 60% 上下的水平。2015 年之后,伴随行业景气度逐步恢复以及生产工艺的改进优化,乙二醇行业开工率开始逐步提升。2018 年第三、第四季度新装置集中投产,导致新增装置在年内未能完全释放有效产能,开工率出现一定下滑。进入 2019 年后,受乙二醇利润下滑影响,中国装置多有进行转产、降负荷或增加检修时间等操作,年内开工率维持在 70% 偏下水平。2019 年乙二醇产量约 758.30 万吨,行业整体开工负荷率为 67.94% (见图 45)。

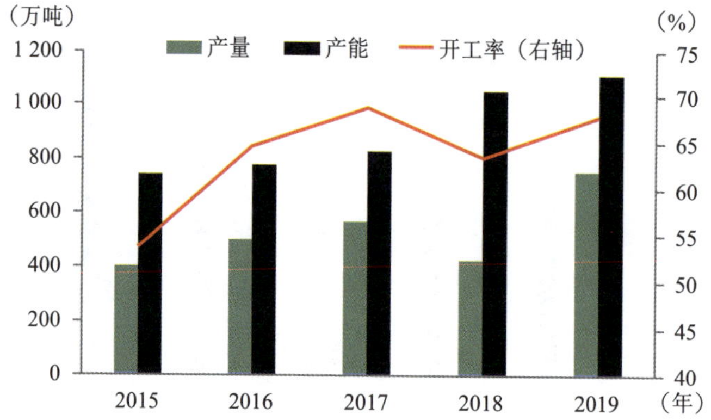

图 45 2015 ~ 2019 年乙二醇产量及开工情况

资料来源:卓创资讯。

3. 乙二醇国产与进口"PK"

2015 ~ 2019 年在下游聚酯行业稳步扩张的背景下,中国乙二醇供应虽有长足的提升,但因有效产能基数偏低,短期内仍无法与下游聚酯等需求增长相匹配,因此尚需进口大量国外货源进行补充。近 5 年乙二醇进口量整体仍维持稳步增长状态，5 年来进口量年均增速为 3.03%，2019 年乙二醇年度进口总量 988.35 万吨，当年进口均价 600 美元/吨。而详细来看，2016 年进口总量从之前的 877 万吨回落至 757 万吨，主要受当年海关对于转口贸易政策的调整影响，美元船货转口贸易受限使得融资贸易基本退出，年内进口数量有明显的回落。而后在市场交易格局重新平衡之下，市场进口总量恢复至 875 万吨以上；2018 年乙二醇市场进口总量再度激增，主要是受下游聚酯刚需提振带动的影响。而进入 2019 年，其进口量虽仍维持增长状态，但增长幅度较小，一方面受 2018 年底合约商谈不畅影响，另一方面在 2019 年，乙二醇利润下滑明显，部分外商选择下调乙二醇产出比例，转产环氧乙烷或直接外销乙烯原料进行盈利调节，因此年内进口量增速出现明显放缓（见图 46）。

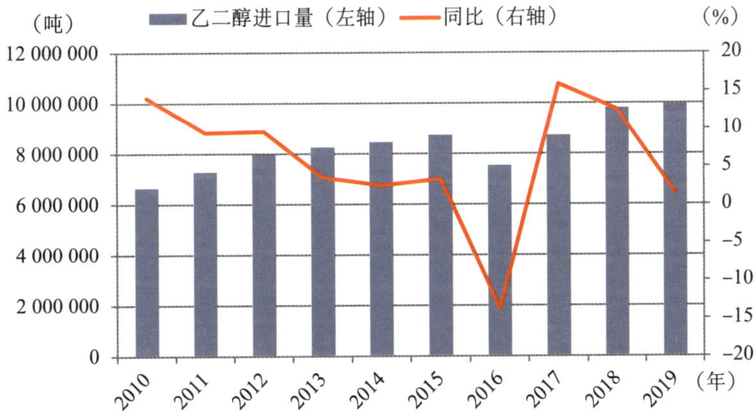

图 46　MEG 进口量走势图

资料来源：Wind。

2019 年中国乙二醇进口按照来源地分析，主要进口来源仍集中在中东地区，其中沙特阿拉伯作为中国主要的进口来源国，占据了 45.09% 的进口供应。其次是亚洲地区，我国台湾省、新加坡、韩国、日本对中国的乙二醇进口均位居前10名内，其中台湾省占据了13.34%的进口供应，韩国占比5.36%，日本占比3.03%。再次是北美地区，尤其是加拿大占据9.75%的进口供应，近两年加拿大进口份额出现快速提升，主要受2018年中美贸易摩擦加剧后中国对美国关税大幅上调影响，此后来自美国的乙二醇多进行换货转口至加拿大之后再进入中国市场。

（三）MEG仓储物流相对“娇贵”

乙二醇应贮存在干燥通风的仓库中，不受阳光直射并隔绝热源和火种。当前中国乙二醇市场仓储主要分为工厂自有仓储与进口货源的港口仓储。工厂仓储方面：乙二醇生产企业都自备工厂厂库，罐容根据企业产能与规划不一，但量化来看，工厂自有罐容的标准一般维持在自身20～25天的产量。另外部分工厂也会在中转港口设库；贸易商仓库一般设在消费集中地的中转港口，如宁波、江阴、太仓、南通、张家港、珠海等地。

物流方面基本是以外包的形式为主，工厂自有物流微弱。目前乙二醇的运输方式分为公路、铁路与水路运输三种。而详细来看，根据不同的包装方式也有不同的运输标准，公路运输也有储罐运输与液袋运输。乙二醇是无色黏稠液体，沸点高，化学性质稳定，易燃。所以基本上只要低温、密闭（缺氧）下采用专用乙二醇运输车运输，一般汽运、铁运基本是按照普通化学品运输标准要求，但船运标准要按照危化品等级要求运输。船运费用最低，内陆运输一般以汽运为主、铁路运输为辅。

（四）穿衣穿出了 MEG 的高需求

1. 全球聚酯仍是 MEG 需求“主力军”

2015～2019 年全球乙二醇主要消费领域集中在聚酯，其次为防冻液和不饱和树脂等，其中中国需求和欧美市场需求因地区不同略微存在差异性。从全球范围看，聚酯需求大约占乙二醇总需求的 88%；其次为防冻液需求，大约占乙二醇总需求的 8%；其他不饱和树脂、聚氨酯浆料等大约占 4%（见图 47）。

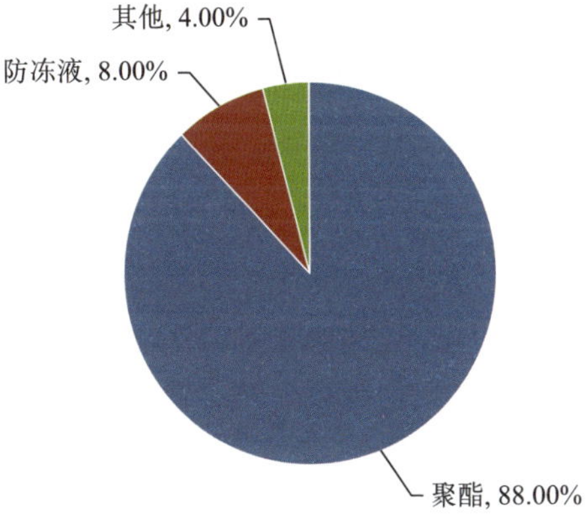

图 47　全球乙二醇需求结构

资料来源：卓创资讯。

对于中国来说，乙二醇市场需求领域主要有聚酯、防冻液、不饱和树脂、聚氨酯等。其中聚酯需求占到乙二醇总需求量的 94%。具体来看，聚酯行业又包含涤纶长丝、涤纶短纤、聚酯切片、PET 瓶级以及 BOPET 等细分领域；其次是不饱和树脂需求占到 2.2%；防冻液需求占到 1.5%；聚氨酯及其他需求占到2.3%。过去很长一段时间，随着汽车行业的迅猛发展，消费者对于防冻液的需求量有所提升，乙二醇作为防冻液的主要原料，保持着稳定的可持续增长，但近两年来汽车消费市场出现停滞，其相关产品发展明显放缓。不饱和树脂等领域亦面临环保及需求放缓等压力，年内产量出现收缩。2019年乙二醇最主要需求领域集中在聚酯行业，且在聚酯产量稳步扩张以及其他下游领域出现收缩的情况下，聚酯在乙二醇市场需求中的占比出现小幅度增加，但整体来看，乙二醇行业需求格局变动不大。

2. 全球“称霸”的中国 MEG 需求

2008~2019年中国乙二醇总需求量从671万吨增长至1 847.09万吨，增长幅度为175.27%，聚酯作为中国主要的消费领域，增长表现最可观，2008年聚酯对应乙二醇需求量637万吨，2019年聚酯对应乙二醇需求量增长至1 661.17万吨，增长幅度160.78%。

2019年中国聚酯对应乙二醇实际消费量为1 661.17万吨。防冻液对应乙二醇实际消费量大约26万吨，不饱和树脂对应乙二醇实际消费量大约为40万吨（见图48）。

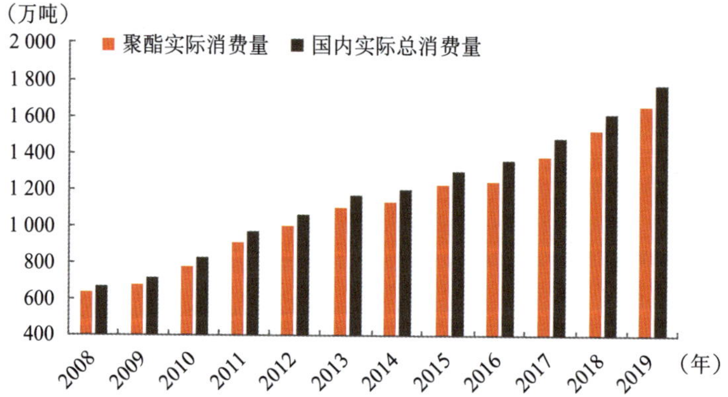

图48　2008~2019年中国乙二醇消费量趋势分析

资料来源：卓创资讯。

（五）MEG 期货合约（见表 35）

表 35 MEG 期货合约

项　目	内　容
交易品种	乙二醇
交易单位	10 吨/手
报价单位	元（人民币）/吨
最小变动价位	1 元/吨
涨跌停板幅度	上一交易日结算价的 4%
合约月份	1 月、2 月、3 月、4 月、5 月、6 月、7 月、8 月、9 月、10 月、11 月、12 月
交易时间	每周一至周五上午 9：00～11：30，下午 13：30～15：00，以及交易所规定的其他时间
最后交易日	合约月份倒数第 4 个交易日
最后交割日	最后交易日后第 3 个交易日
交割等级	大连商品交易所乙二醇交割质量标准（F/DCE EG001－2018）
交割地点	大连商品交易所乙二醇指定交割仓库
最低交易保证金	合约价值的 5%
交割方式	实物交割
交易代码	EG
上市交易所	大连商品交易所

做功课

延伸阅读：煤制乙二醇成本探讨

2020 年春节前后突发新冠肺炎疫情，导致原油价格大跌，同时终端需求短期断崖式下滑，大宗商品包括乙二醇价格大跌，跌至国内煤化工成本之下，煤化工亏损幅度比 2019 年更甚。4 月份开始煤化工逐步开始停车。说起煤化工成本，由于国内各工厂的差异（包括是否自由煤炭资源、生产工艺差别、财务成本差别、运输差别等），煤化工成本并不统一和透明。通过对个别工厂的调研，我们对煤化工成本略探一二。

企业运行与否，一般考虑现金成本（类似于可变成本）或生产成本。一般来说，市场价格首先考验企业的生产成本，当企业生产成本为负但现金成本依然为正时，或许企业会从贷款状况、工人就业、政府政策、是否上市等方面来综合考量是否停车。但当价格进一步下行考验企业现金成本（可变成本）时，如果此时边际贡献为负，企业现金变成净流出，就基本没有开车的意义了。这也是在乙二醇处于历史低价时我们研究企业现金成本的意义。

我们以三家不同企业的成本为例进行分析，这三家企业分别处于煤制乙二醇现金成本竞争力的低、中、高阶梯（以下明细数据可能与当下行情略有出入，仅供参考。另外催化剂属于即使停车也会发生一定损耗的成本，但开停车状态下成本并不完全成正比，为方便统计，以下统一列入固定成本中）。

企业A属于无论现金成本还是总成本都比较高的一家，当MEG价格下行至4 500元/吨以下时，该企业实际就面临逼停风险了，这在现实情况中也多次得到验证（见表36）。

表36　　企业A成本

序号	项目名称	总价（元）
可变成本	原料煤	734
	动力煤	990
	氧气	140
	甲醇	51
	循环冷却水	210
	低温水	80
	脱盐水	40
	蒸汽	1 200
	电	361
	人工	300

续表

序号	项目名称	总价（元）
		4 106
固定成本	催化剂	560
	折旧	325
	财务费用	295
	运费	300
	总成本	5 586

企业 B 属于现金成本居中的一类，假设当 MEG 价格位于 3 600 元/吨以上时，该装置开车能为企业提供正向现金流，因此在无特殊情况下，该企业将维持开车。但当价格下行至 3 300 ~ 3 400 元/吨下方或者长期维持低位时，该企业将会有停车的考虑。实际上从对目前已经投产的全部煤化工进行调研后，发现现金成本位于中等水平的企业占比不低，即在乙二醇目前 3 300 元/吨附近的价位时大约有 1/3 的企业处于现金成本盈亏的临界值，这时企业将会根据实际情况选择停车的时间点（等催化剂使用寿命到期或其他条件到位时倾向于选择停车检修）。从目前市场实际情况来看，可以发现红四方、黔西、易高、平定、深州等几家企业在 4 ~ 6 月均有检修想法，但进一步细节需根据实际情况而定（见表 37）。

企业 C 属于现金成本偏低、竞争力较强的一家，且该类企业多数时候装置运行稳定性也较好。以该样本为例，在目前的 MEG 价位下企业运行现金流依然尚可，且装置单套产能大、开工稳定带来的催化剂成本也不高，因此整体竞争力较强。从现实情况来看，该企业在 2019 年 MEG 价格下行至 4 200 元/吨附近时与当下都依然处于稳定的开车状态（见表 38）。

表 37　　企业 B 成本

序　号	项目名称	总　价（元）
可变成本	燃料煤	1 000
	原料煤	1 375
	氧气	150
	甲醇	170
	循环冷却水	105
	低温水	60
	脱盐水	44
	电	300
	人工	50
		3 254
固定成本	催化剂	450
	折旧	267
	财务费用	682
	维修、管理等费用	50
	运费	300
	总成本	5 003

对目前国内已经投产且运行超过一定时间的装置进行对比分析，企业现金成本可分为几个梯队：3 600 元/吨以上、3 200 ~ 3 600 元/吨、3 200 元/吨以下。大体发现，现金成本在 3 600 元/吨以上的企业占比不高，约 26%；现金成本在 3 200 ~ 3 600 元/吨的企业占比约 32%；现金成本低于 3 200 元/吨的占比最大，为 42%。

表 38　　企业 C 成本

项　目	项目名称	总　价（元）
可变成本	氢气	180
	一氧化碳	1 008
	甲醇	85
	氧气	179
	循环冷却水	88
	低温水	0
	脱盐水	45
	蒸汽	1 063
	电	325
	人工	50
		3 023
固定成本	催化剂	400
	折旧	500
	财务费用	190
	运费	600
	总成本	4 713

燃料油

（一）黑色泥浆能量大（什么是燃料油）

全世界的燃料油都有相似之处：一种可燃烧或可助燃的原油类产品。尽管绝大多数原油类产品都可以加热直到燃烧，但并非所有的原油类产品都可被称为燃料油，而且各个地区对燃料油的定义也不尽相同。

我们归纳总结了燃料油的定义：燃料油是原油加工过程中，在汽油、柴油、沥青等产品之后被分离出来的较重的剩余产物。其具有黏度适中、流动性好、热值高、燃烧完全、腐蚀性小等优良特性，可被用于炼油、化工、交通运输、建筑业和冶金等行业。目前，锅炉烧油、发电用油大幅度减少，而船用油市场需求呈稳定增长态势。

欧美对燃料油有不同的定义：

【欧洲】原油经蒸馏而留下的黑色黏稠残余物，或它与较轻组分的掺和物。主要用作蒸汽炉及各种加热炉的燃料、大型慢速柴油燃料及作为各种工业燃料。

【美国】任何闪点不低于 37.8°C 的可燃烧的液态或可液化的原油产品。既可以是残渣燃料油，也可是馏分燃料油。

除了以上定义，还可以通过质量指标来认识燃料油：

【黏度】燃料油最重要的性能指标，也是划分燃料油等级的主要依据。它是对流动性阻抗能力的度量，它的大小表示燃料油的易流性、易泵送性和易雾化性能的好坏。目前国内较常用的是 40℃运动黏度（馏分型燃料油）和 100℃运动黏度（残渣型燃料油）。黏度的单位是 mm^2/s。

【含硫量】燃料油中的硫含量过高会引起金属设备腐蚀和环境污染。

【闪点】安全指标。闪点过低会带来着火的隐患。

【水分】水的存在会影响燃料油的凝点，随着含水量的增加，燃料油的凝点逐渐上升。此外，水分还会影响燃料机械的燃烧性能，可能会造成炉膛熄火、停炉等事故。

【灰分】燃烧后剩余不能燃烧的部分。灰分会覆盖在锅炉受热面上，使传热性变差。

【总沉淀物】沉淀物会堵塞过滤网，造成抽油泵磨损和喷油嘴堵塞，影响正常燃烧。

【铝+硅】硅铝催化剂粉末会使泵、阀磨损加速。当指标超标时将导致汽缸严重磨损，造成发动机故障。

【净热值】评价燃料油最终发热做功的指标，是用户最重视的经济指标。

【钠】用于鉴别运输途中是否被海水污染，毕竟盐会引起设备的腐蚀。

【废润滑油（钙+锌、钙+磷）】废润滑油会对船只机械造成不利影响，对船上人员造成伤害，增加空气污染。

【总酸值】表示氧化变质的程度，无机酸会腐蚀设备，易造成漏油污染。

（二）燃料油家族成员

燃料油是炼油工艺中的最后一种产品，根据其加工工艺、加工深度等不同因素，可将燃料油分成以下几类：

根据是否出厂，分为自用燃料油和商品燃料油。自用燃料油就是炼厂自用，煮豆燃豆萁的“豆萁”；商品燃料油是指已出厂形成商品的燃料油。

根据加工工艺，分为常压燃料油、减压燃料油、催化燃料油和混合燃料油。常压燃料油是指炼厂使用常压装置分馏出来的燃料油；减压燃料油是指炼厂使用减压装置分馏出来的燃料油；催化燃料油俗称油浆，是指炼厂使用催化、裂化装置分馏出来的燃料油；混合燃料油是指以上两种或三种燃料油的混合，通常为减压燃料油和催化燃料油的混合。

根据用途，分为炉用燃料油、船用燃料油和其他燃料油。炉用燃料油是指各大中型锅炉和工业用锅炉的燃料油；船用燃料油是指船用柴油机使用的燃料油。

根据含硫量，分为高硫燃料油、中硫燃料油和低硫燃料油。

（三）燃料油流向何方

全球燃料油的主要生产基地集中在中东、南美洲、俄罗斯、中国等地；主要的消费市场广泛分布于欧洲、美洲、亚太的各个主要港口和沿海地区（见表39）。

表 39　　2008～2018 年世界燃料油需求情况表　　（单位：千桶/日）

地区	2008 年	2009 年	2010 年	2011 年	2012 年	2013 年	2014 年	2015 年	2016 年	2017 年	2018 年
中东	1 580	1 747	1 901	1 934	1 951	1 991	2 067	2 172	2 215	2 137	2 108
中国	906	724	662	666	588	560	564	592	591	556	573
日本	657	707	450	442	577	824	646	532	433	371	285
印度	232	226	222	199	178	147	117	107	113	136	122
亚太其他	1 788	1 704	1 709	1 740	1 771	1 687	1 657	1 592	1 672	1 781	1 790
欧洲	1 643	1 581	1 419	1 308	1 259	1 141	1 023	951	899	938	963
中南美洲	802	830	781	761	738	737	712	734	717	654	614
美国	718	609	508	532	459	367	317	256	258	325	358
北美其他	363	332	293	278	286	295	259	191	160	149	171
非洲	422	434	445	458	392	438	433	432	428	419	387
独联体	423	397	379	350	373	361	369	435	354	377	319
世界合计	9 534	9 291	8 769	8 668	8 572	8 548	8 164	7 994	7 840	7 843	7 690

资料来源：2019 年 BP 世界能源统计年鉴。

全球燃料油的消费自 2008 年以来便逐年下滑，平均年降幅 －2.1%。2018 年亚太地区降幅最为明显，总需求较 2017 年减少 －7.4 万桶/日；非洲和独联体国家分别减少需求 －3.2 万桶/日和 －5.8 万桶/日；美洲地区需求增加，2018 年较 2017 年增加 +5.5 万桶/日。

在贸易方向上：美洲地区供需平衡；亚洲地区供不应求，主要通过欧洲和中东补足缺口；中东的燃料油主要供应亚洲市场；俄罗斯的燃料油则主要供应欧洲市场。

（四）燃料油遍布全球

燃料油曾经是最受发达国家青睐的原油产品，用量很大。1970 年日本燃料油消费占比量高达原油消费总量的 56.5%，占据原油市场的半壁江山；1973 年，英国燃料油消费量占原油消费总量的 36.6%，而当年英国汽油和柴油加起来都没消耗超过 36%。

但在 1973～1974 年和 1979～1980 年的两次原油危机之后，西方发达国家蒙受了巨大的损失。如梦初醒的各国痛定思痛，决定进行能源结构的调整。自 1973 年以后，全球发达国家的燃料油消费量都有显著下降。其中，美国 1998 年燃料油消费量为 4 480 万吨，占原油消费总量的 5.3%，较 1973 年下降了 1.1 亿吨（或 14%）；日本 1998 年的燃料油消费量为 5 125 万吨，占原油消费总量的 20.7%，较 1973 年下降了 8 990 万吨（或 28.8%）。

目前全球燃料油市场主要分为三个地区：北美、欧洲和亚洲。北美市场主要交易中心在休斯敦，欧洲市场主要交易中心在伦敦，亚洲市场主要交易中心在新加坡。其中燃料油以伦敦和新加坡市场最大。国际燃料油市场的主要交易标的，按区域和时段划分，主要有新加坡高硫燃料油、鹿特丹驳船燃料油、美国墨西哥湾沿岸高硫燃料油。

据统计，2018 年全球燃料油供应缺口约为 -22.5 万桶/天；俄罗斯燃料油出口处于低位；委内瑞拉出口锐减；全球贸易商为降低成本纷纷减少了新加坡和富查伊拉的陆上储罐，这大大减少了燃料油的调和能力。新加坡于 2017 年开始实施的新计量手段大大减少了燃料油交付时发生的短重投诉，这增强了新加坡争夺亚太市场的能力。

新加坡市场主要由三个部分组成：一是传统的现货市场；二是普氏（PLATTS）公开市场；三是纸货市场。

1. 传统的现货市场

新加坡本国燃料油产量很低，但政府自 20 世纪 80 年代起，趁着发达国家调整能源结构，大力扶持石化行业的发展，这是占据天时；作为全球最繁忙的港口和物流枢纽之一，这是占据地利；通过招商引资，吸引了几乎所有的跨国石油公司和贸易公司参与，这是占据人和。占尽先机的新加坡，目前的仓储能力超过160万立方米，市场规模达5 000万吨/年，已经发展成为亚太地区最大的燃料油调和基地和石油交易集散地。

燃料油的现货交易通常采用点价机制。为了避免价格的频繁波动和市场被操纵的风险，买卖双方在达成交易的时候，并不确定价格，而是确定一个交割期、浮动价格指数和升贴水。在装船和交货时，按照交割期浮动价格指数的平均值加上升贴水付款。

2. 普氏（PLATTS）公开市场

目前亚太地区的燃料油交易价格，基本上将新加坡普氏价格作为基准价格。普氏窗口市场是指每天下午4:00～4:30，由标准普尔普氏环球资讯在其公开报价系统电子窗口进行的纸货交易，这黄金半小时也被称为定价窗口期。

普氏公开市场的成交量其实并不大，但却起到了形成当日结算价格、作为现货交割和场外衍生品交易基准的价格发现的重要作用。下午4:30以后，普氏环球资讯的编辑会根据当日全部交易情况，确定新加坡普氏平均价格（MOPS）和升贴水，并公布在其每日亚太地区市场概览中。

3. 纸货市场

新加坡纸货市场形成于1995年前后的场外交易市场。纸货市场的交易品种主要有石脑油、汽油、柴油、航空煤油和燃料油。目前新加坡燃料油纸货市场的市场规模大约是现货市场的3倍以上，其中约80%是投机交易，其余20%是保值交易。

纸货市场为其主要参与者，包括投资银行和商业银行、大型跨国石油公司、石油贸易商、终端用户，提供了一个避险的场所。它的交易对象是标准合约，合约的期限最长可达3年，每手合约的数量为5 000吨，合约到期后不进行实物交割，而是进行现金结算，结算价采用普氏公开市场最近一个月的加权平均价，经纪商收取7美分/吨或350美元/手的佣金。

这是一个场外交易市场，纸货市场的交易通常是一种信用交易，履约担保完全依赖于成交双方的信誉，这要求参与纸货市场交易的公司都是国际知名、信誉良好的大公司。目前我国南方地区的燃料油贸易商为了稳健地进行国际采购，大多委托境外代理商进行新加坡燃料油纸货交易。

新加坡燃料油市场的定价机制与其交易机制紧密相关，价格形成主要依靠原油和各类价差，根据下面的公式确定：

燃料油价格 =（原油价格 + 价差）× 吨桶比 + 价差

具体而言，做市商会首先观察布伦特原油期货，根据其期货价格确定客户指定期限的远期价格，然后加上鹿特丹燃料油对原油的裂解价差，计算出按照美元/桶单位报价的燃料油远期价格。之后将该价格乘以吨桶比换算系数，得出按照美元/吨报价的燃料油价格，即是鹿特丹燃料油的远期报价。在此基础上加上东西方价差、黏度价差、买卖点差即可得到最终新加坡燃料油的报价。

在做市商向客户报价后，需要对自身交易账户里的交易风险进行管理和对冲。在燃料油市场上，做市商会遵循“量少用掉期，量大用期货”的对冲原则：即对于期限相对比较近且数量比较小的交易，做市商一般会直接将同样细节的燃料油掉期合约进行反向平盘；对于远月份或大额交易，因燃料油市场的流动性较差，做市商通常会先以布伦特期货合约对冲主要的价格风险，然后再分别管理各类价差的风险。

（五）国内风景独好

上期所保税380燃料油期货合约已于2018年7月16日挂牌交易（以下简称“合约”）。这对于国内船用燃料油企业是一个盼望已久的好消息（见表40）。

表 40　　上期所燃料油期货合约

项　目	内　容
交易品种	燃料油
交易单位	10 吨/手
报价单位	元（人民币）/吨（交易报价为不含税价格）
最小变动价位	1 元/吨
涨跌停板幅度	上一交易日结算价 ±5%
合约月份	1～12 月
交易时间	上午 9：00～11：30，下午 1：30～3：00 和交易所规定的其他交易时间
最后交易日	合约月份前一月份的最后一个交易日；交易所可以根据国家法定节假日调整最后交易日
交割日期	最后交易日后连续 3 个工作日
交割品级	RMG 380 船用燃料油（硫含量为Ⅰ级、Ⅱ级）或者质量优于该标准的船用燃料油（具体质量规定见交易所网站）
交割地点	交易所指定交割地点
最低交易保证金	合约价值的 8%
交割方式	实物交割
交割单位	10 吨
交易代码	FU
上市交易所	上海期货交易所

首先，合约给了企业一个贴近市场的交易环境。在合约上市之后，企业获得了一套有效的管理经营风险的对冲工具，交易成本显著降低。其次，合约赋予了企业以定价权，毕竟中国是亚太地区除新加坡之外，船用油消费量最大的国家。被动地通过调整升贴水，将海外市场修正为国内市场，既效率低下又不利于行业的健康发展。最后，合约给了企业长远的战略性支持。2017 年 4 月，杭州海关公布了跨地区直供、一库多供、先供后报等针对保税船加油的政策，对舟山地区的保税船加油业务提供了很大的支持。

我们相信，随着国内燃料油市场的逐步健全，保税 380 燃料油期货的价格将辐射亚太，成为影响全球燃料油市场的世界性基准价格。

我国拥有丰富的港口资源，随着经济的发展，港口和航运业规模不断扩张。为控制船舶污染物排放，改善沿海和沿河区域特别是港口城市的空气质量，中国对船用燃料质量的要求越来越严，燃料油低硫化是必然要求。

与国际市场不同，中国船用燃料油按用户不同，可分为保税油和内贸油。保税油是指经国务院批准享受保税政策，由海关实施保税监管，未缴纳进口关税、进口环节增值税和消费税，不占进口配额的国际航行船舶用油品。内贸油是指为普通内贸航线船舶供应的燃料油，供油商需要缴纳各类税费。目前的保税油市场和内贸油市场基本各成体系，关联度较小。在此重点分析与期货相关的保税油。

1. 保税油市场规模

从 2012 年开始航运市场持续低迷，中国船用燃料油需求量开始下降，2016 年基本止住连续下滑的势头，2017 年企稳回升。保税油成为中国船用燃料油增长的主力。但中国的保税油市场规模远远落后于港口吞吐量规模。据世界航运公会（World Shipping Council）公布的 2017 年统计数据，依照集装箱吞吐量计算，世界上十大集装箱港口有 7 个在中国，中国集装箱吞吐量占全世界总吞吐量的近 70%。相比之下，新加坡从 2010 年起保税船用油的销量就在 4 000 万吨/年以上，但中国近些年的保税船用油销量一直在 800 万 ~ 1 000 万吨/年。

2. 中国船用保税油市场化程度不高

保税油价格高于周边国家和地区是中国保税油市场规模滞后于港口吞吐量规模的重要原因之一。由于国内税收等问题，我国保税油几乎都是以进口为主，导致保税油价格较高。此外，中国保税油供应业务实施特许经营，在2006年之前，中国船舶燃料有限公司是中国保税船加油供应市场唯一有资质的企业。2006年7月，中石化中海船舶燃料供应有限公司、中石化长江燃料有限公司、中国石化浙江舟山石油分公司、深圳光汇股份有限公司4家公司获得了保税船用燃料油的经营牌照，打破了中国船舶燃料有限公司一家独享国内船供保税油市场的局面。2009年5月以后，国家解除地域限制，允许其他企业在全国范围内开展保税连锁经营。

3. 保税油的出口消费税是限制我国销量的因素之一

国家的燃油税有利于理顺税费体制、促进节能减排、提高能源使用效率，但也在一定程度上影响了船用燃料油市场的发展。由于中国对燃料油出口征收高额消费税，使得炼厂几乎没有生产船用燃料油的积极性，导致中国保税船用油基本靠进口，价格高于周边国家或地区的港口。加之国际航线到港船舶在国内港口加油需要额外支付不等的港杂费用，因此外轮大多选择不加油或少补油，大量需求转移至新加坡等低油价港口。

4. 保税船用油依靠进口

长久以来，为满足国内汽油、煤油、柴油供应，炼厂规划和设计都以提高轻组分收率为主，追求“原油吃干榨净”，生产的重质燃料油较少，主要为渣油、油浆、沥青等。这些燃料油不能直接作为船用燃料，只能作为船用燃料的调和组分。近几年，虽然中国淘汰了大量落后产能，但随着大量新炼厂建设和老炼厂扩能，汽油、煤油、柴油产量过剩，不得不寻找出口市场，而燃料油（主要是船用保税油）供应不足，需要进口，二者形成鲜明对比。

从长期看，随着我国逐步放开保税船供油市场，国内船用保税油市场需求存在巨大的提升空间。预计2020年中国船用油供应总量将在2 000万吨以上，增量主要来自保税油。

（六）IMO2020 开启燃料油低硫时代

为保护海洋环境，控制船舶尾气排放污染，国际海事组织（IMO，1948年建立，总部位于伦敦，主要处理海上安全环保等事务）于 1997 年通过了 MARPOL 公约，其中附则 VI 对于船舶废气中的 SOX 排放含量作了限制，并规定了硫排放控制区（ECA）（初期为波罗的海、北海、北美、美国加勒比海区域），ECA 的硫含量限值在 10 年中经历了数次更新，从 2010 年的 1.5% 一直降到 2015 年之后的 0.1%。2016 年，IMO 海洋环境委员会第 70 次会议决定，自 2020 年 1 月 1 日起，全球海域航行的船舶所使用燃油硫含量不得超过 0.5%；海洋环境委员会第 73 次会议更是规定，自 2020 年 3 月 1 日起，禁止未安装洗涤设备的船舶携带高硫燃油。通过此规定，船用燃油低硫化标准扩展至全球范围，引发了整个航运业的巨大变革。

由于低硫燃料油市场整体上属于燃料油市场的一个子市场，因此，两个相关市场的供需因素密不可分。2020 年 5 月 29 日，中国证监会正式批准上海国际能源交易中心开展低硫燃料油期货交易，同时确定低硫燃料油期货为境内特定品种，引入境外交易者参与交易。低硫燃料油期货合约正式挂牌交易时间为 2020 年 6 月 22 日。

中国是世界上最大的低硫燃料油生产国，也是重要的需求国家，但是国际市场尚未形成低硫燃油定价中心。2020 年上半年，还是用新加坡普氏（Platts）高硫燃料油的定价，但是考虑到 2020 年开始，高硫油的需求会跌到原来的 1/4，那么现货肯定就失去了估值的基础，低硫油价格会有很大波动；并且考虑到目前的市场格局，低硫油年需求量要 2 亿吨，但是现货只有 1 亿吨左右，这个巨大的缺口，还有变化的市场格局，使得我国企业难以应对价格波动风险，这时候上市低硫燃料油期货是迫切的、必需的（见表 41）。

表 41 《上海国际能源交易中心低硫燃料油期货标准合约》（征求意见稿）

项　目	内　容
交易品种	低硫燃料油
交易单位	10 吨/手
报价单位	元（人民币）/吨（交易报价为不含税价格）
最小变动价位	1 元（人民币）/吨
涨跌停板幅度	上一交易日结算价 ±5%
合约交割月份	1 月、2 月、3 月、4 月、5 月、6 月、7 月、8 月、9 月、10 月、11 月、12 月
交易时间	上午 9：00～11：30，下午 1：30～3：00 以及上海国际能源交易中心规定的其他交易时间
最后交易日	交割月份前第一月的最后一个交易日（遇国家法定节假日、休息日顺延；上海国际能源交易中心可以根据国家法定节假日、休息日调整最后交易日）
交割日期	最后交易日后连续 5 个交易日
交割品质	低硫船用燃料油（具体质量规定见附件，略）
交割地点	上海国际能源交易中心指定交割仓库
最低交易保证金	合约价值的 8%
交割方式	实物交割
交易代码	LU
上市机构	上海国际能源交易中心

（七）涨跌还看原油脸色

自有记录以来，燃料油现货与布伦特原油、WTI 原油的走势保持了较强的相关性。国际原油市场交易中，大部分油气产品的定价基准是布伦特原油期货指数。在此基础上，还有各种各样的价差产品可以实现在各个油气品种之间灵活地互相转换。作为原油制成品的主要品种之一，燃料油价格也会随原油价格的波动而波动（见图 49）。

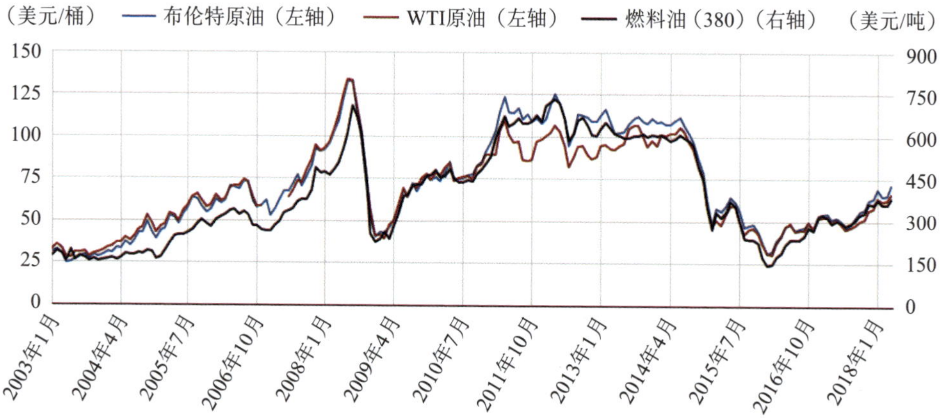

图 49　燃料油与原油相关性

资料来源：Wind。

（七）燃料油期货如何用

1. 炼油厂卖出套保

案例

某炼油厂有燃料油库存，由于担心未来价格下跌，于是通过燃料油期货进行套期保值，在期货市场上卖出，为 5 000 吨燃料油保值。2019 年 8 月 1 日，燃料油现货价格为 3 200 元/吨，期货价格为 3 100 元/吨。于是在期货市场卖出燃料油期货主力合约 500 手（1 手 10 吨）。此后燃料油价格下跌，到 2019 年 10 月 31 日，现货价格跌至 2 200 元/吨，期货价格下跌至 2 100 元/吨。此时，炼油厂 5 000 吨燃料油在市场上被买家买走。炼油厂在期货市场上买入 500 手合约平仓，完成套保。具体盈亏见表 42。

表 42　　卖出套保盈亏

项　目	现货市场	期货市场
2019 年 8 月	燃料油现货标价 3 200 元/吨	卖出 5 000 吨（500 手） 燃料油期货 3 100 元/吨
2019 年 10 月	卖出 5 000 吨燃料油 2 200 元/吨	平仓 5 000 吨（500 手） 燃料油期货 2 100 元/吨
套保盈亏	现货下跌 1 000 元/吨 销售收入减少 500 万元	期货盈利 1 000 元/吨 期货收益 500 万元
套保结果	现货价格波动 销售收入大幅减少	期货盈利 弥补现货销售收入

2. 船运公司买入套保

2018 年 1 月燃料油现货市场价格为 3 200 元/吨，某船运公司担心燃料油价格继续上涨，造成成本上升，因此决定通过期货的多头套保规避风险。1 月初燃料油期货价格大约为 3 300 元/吨，企业买入 1 万吨（1 000 手）进行保值。到 4 月下旬，燃料油现货价格上涨至 3 500 元/吨，燃料油期货价格上涨至 3 600 元/吨。该企业卖出平仓该企业卖出平仓期货多头，结束此次套期保值操作（见表 43）。

表 43　　买入套保盈亏

项　目	现货市场	期货市场
1 月初	燃料油现货标价 3 200 元/吨	买入 1 万吨（1 000 手）燃料油期货 3 300 元/吨
4 月下旬	买入 1 万吨燃料油 3 500 元/吨	平仓 1 万吨（1 000 手）燃料油期货 3 600 元/吨
套保盈亏	价格上升 300 元/吨 购入成本上升 300 万元	期货盈利 300 元/吨 期货收益 300 万元
套保结果	现货价格波动 购入成本大幅增加	期货盈利 弥补现货成本上升

做功课

延伸阅读：中国（浙江）自由贸易试验区政策

2017 年 4 月 13 日，杭州海关公布了《杭州海关为支持中国（浙江）自由贸易试验区建设推出的第一批（15 项）创新举措》（以下简称 15 项），是对《海关总署关于支持和促进中国（浙江）自由贸易试验区建设发展的若干措施》（25 条）的进一步细化，其核心任务之一，是探索油品全产业链投资贸易便利化，从效率与成本两方面增强自贸试验区油品贸易的竞争力，以推动保税燃料油产业发展。主要包括：（1）跨地区直供。供油企业跨舟山海关辖区到其他海关辖区开展国际航行船舶保税油直供业务，包括宁波、南京、上海等地及关区内的嘉兴、温州、台州等地。（2）港外锚地供油。供油船对尚未进入港口内，在港口外锚地停泊的国际航行船舶供应保税油。（3）一库多供。同一公用型保税仓库同时存储多家供油企业的保税油，供油企业利用公用型保税仓库开展保税油供应业务。（4）先供后报。从事国际航行船舶保税油供应的企业采用“先供油，后报关”模式开展业务。

2017 年 8 月 8 日，海关总署出台《中华人民共和国海关保税油跨关区直供业务监管操作流程》，实现保税油跨关直供海关监管模式的制度突破，对上海、南京、杭州、宁波四地保税油跨关直供在海关监管操作层面予以明确，统一做法，有利于四地海关深入沟通协作，推进东北亚保税燃料油加注中心业务做大做强。2018 年 3 月，由舟山港综合保税区管委会委托中国船级社质量认证公司制定的《船舶燃料油加注系统计量技术规范》正式发布。

推荐阅读：

书名：《燃料油期货市场微观结构研究：基于久期视角》

作者：王锋

出版社：东南大学出版社

简介：本书对不同方式形成的期货连续数据进行了对比，研究发现，对于燃料油期货高频数据而言，以日交易量最大原则形成的时间频率为5分钟的连续数据是最优的。在对不同久期的特征与影响因素进行分析之前，运用了多种定量评价准则对各久期的不同ACD模型分别进行估计和对比，并从中选择出各种久期所对应的优选模型。其中用高频数据构建的价格久期、交易量久期和持仓量久期模型中，LOG－WACD模型相对最优；而用超高频数据构建的交易久期和报价久期模型中，LOG－EACD模型相对更好。对不同久期的特征进行研究发现，各久期均具有明显的持续性和集聚性特征。日内特征方面，价格久期、交易量久期和持仓量久期均表现为上下午的双“N”形模式，交易久期具有上午“N”形、下午倒“U”形变化模式，而买方报价久期与卖方报价久期具有全天“F”形特征。然后在各优选模型基础上加入各种微观结构变量进行实证研究，找出各自的微观影响因素，其中绝大多数微观结构变量对对应久期有着显著的解释作用。

液化石油气

（一）液化气期货来了

2020 年 3 月 26 日，液化石油气期货品种在大商所上市，餐饮业老板小李没有想到，自己餐馆里用作燃料的液化石油气也能成为交易品种（见表 44）。液化石油气、天然气、煤气是目前主要的三种燃气，各自的热值有所差异。其中液化石油气的热值最高，主要用于燃料和化工用途。

表 44　　大连商品交易所液化石油期货标准合约

项　目	内　容
交易品种	液化石油气
交易单位	20 吨/手
报价单位	元（人民币）/吨
最小变动价位	1 元/吨
涨跌停板幅度	上一交易日结算价 ±4%

续表

项　目	内　容
合约月份	1 月、2 月、3 月、4 月、5 月、6 月、7 月、8 月、9 月、10 月、11 月、12 月
交易时间	上午 9：00～11：30，下午 13：30～15：00 和交易所规定的其他交易时间
最后交易日	合约月份倒数第 4 个交易日
交割日期	最后交易日后第 3 个工作日
交割品级	大连商品交易所液化石油气交割质量标准（F/DCE PG001－2020）
交割地点	大连商品交易所液化石油气指定交割仓库
最低交易保证金	合约价值的 5%
交割方式	实物交割
交易代码	PG
上市交易所	大连商品交易所

（二）餐饮业离不了的帮手

作为液化石油气的投资者，有必要了解液化气是怎么“来”的，又是怎么“没”的。

全球液化气供应中，10% 为油田伴生气，52% 来源于非伴生性气田，38% 来源于石油炼制。中国液化石油气供应主要分为进口气和国产气两部分。进口气通过沿海的 LPG 进口码头购入，其中大部分以纯丙烷、纯丁烷形式通过冷冻船进口并在冷冻罐储存，混合后作为燃料销售。国产气是炼油过程的副产品，由于组分复杂，需要压力容器储存。此外，部分 LPG 深加工后的尾气也作为 LPG 供应来源。国产 LPG 组分相对复杂且差异较大。

表 45 中展示了近些年来全球液化气供应的来源比例。

表 45　　2010～2017 年全球液化气供应的来源比例

年份	伴生气（万吨）	炼厂气（万吨）	合计（万吨）	伴生气比例（%）	炼厂气比例（%）
2010	14 392	9 908	24 300	59. 23	40. 77
2011	15 349	10 051	25 400	60. 43	39. 57
2012	15 903	10 197	26 100	60. 93	39. 07
2013	15 935	10 163	26 100	61. 06	38. 94
2014	17 299	10 601	27 900	62. 30	37. 70
2015	17 608	10 792	28 400	62. 34	37. 66
2016	18 816	10 584	29 400	63. 78	36. 24
2017	19 850	10 590	30 440	65. 21	34. 79

资料来源：大连商品交易所。

我们接下来逐一看看液化气的来源。

1. 从油、气田开采中生产

在油田开采时把携带在原油中的烃类气体，或在气田开采时把携带在天然气中的其他烃类，经初步分离及处理后，再集中送到气体分离工厂进行加工，最后分别获得丙烷和丁烷。在一定的压力下或冷冻到一定的温度对丙烷、丁烷分别进行液化，分装在不同的储罐中。

2. 从炼油厂中生产

LPG 是石油炼制过程中的副产品，并且在多种工艺装置加工过程中都会产生，比如常减压蒸馏、热裂化、催化裂化、催化重整、加氢裂化及延迟焦化等，这些气体经吸收稳定工序后，在一定的压力下分离出干气与富气。一般来说会把这类气体直接送到气柜集中，然后分送到炼油厂的加热炉中作燃料。我国炼油厂生产的 LPG 主要从催化裂化装置中获得。

3. 从炼厂乙烯装置中生产

在轻油或轻烃进行裂解生产乙烯的过程中，也会产生 LPG 组分，这类 LPG 质量较差，一般含碳四组分高。如果炼油厂与乙烯厂同属一个单位，通常可把这两种来源不同的 LPG 进行适当的调配，以便获取符合国家标准的 LPG。

4. LPG 深加工尾气

LPG 中的碳四组分经过深加工装置后，部分未被利用的组分也构成 LPG 的重要来源。目前碳四深加工主要有烷基化装置、异构化装置、芳构化装置、甲乙酮装置、醋酸仲丁酯装置等主要的大规模量产工艺路线。

了解了液化气的来源，那么它主要去向何处呢?

答案是主要作为燃料和化工原料。在燃料方面，由于其热值高、无烟尘、无炭渣，操作使用方便，已广泛进入人们的生产生活领域，如民用燃料、工商业燃料、汽车燃料等方面；在化工原料方面，液化石油气经过分离得到乙烯、丙烯、丁烯、丁二烯等，可直接用来生产合成塑料、合成橡胶、合成纤维及生产医药、炸药、染料等产品。此外，不同的液化石油气组分可进一步作为化工原料生产丙烯、异辛烷、甲基叔丁基醚（MTBE）、甲乙酮等，是理想的汽油添加剂。

想不到常见的液化气用途竟然这么广泛，从全球来看，各个用途占比如表 46 所示。

表 46　　液化气用途占比

用　途	全世界	
	消费量（万吨）	占比（%）
商业民用（燃料）	14 239.3125	48.14
化工	8 937.00752	30.21
工业（燃料）	1 983.43512	6.70
汽车燃料（燃料）	2 394.62496	8.09
炼厂自用（燃料）	1 893.23682	6.40
其他（燃料）	134.38308	0.45
合计	29 582	100.00

（三）液化石油气全球贸易“红红火火”

全球液化石油气主要贸易流向包括四条：一是以北美为中心，如美国到亚洲、美国至欧洲、美国至南美；二是以中东为核心，如中东至东亚、中东至南亚、中东至欧洲；三是以非洲为核心，如非洲至东亚、非洲至南美；四是俄罗斯至欧洲。近年来伴随美国丙烷产量逐步攀升，其相对价格优势部分挤压了中东至欧洲及东亚的贸易。

（四）液化石油气“涨价看外盘，跌价看炼厂”

液化石油气进口依存度比较高，因此其价格除了受国内供需关系的影响，还受外盘价格影响，行业内有句话“涨价看外盘，跌价看炼厂”。在众多影响因素中，以下 5 种因素对 LPG 价格走向影响较大。

1. 国际油价

我国 LPG 产出主要来源于炼厂副产，油价波动对 LPG 价格波动有直接影响。从炼油过程来看，一般 LPG 在炼厂的收率为原油投入量的 2%~5%。按照 2017 年 1 月至 2018 年 8 月的数据，原油与国内 LPG 的相关系数为 0.48，因此，液化石油气成本与原油价格有一定的关系。

2. 刚性生产供给因素

较高的石油生产量必然带来 LPG 产量的增多，尤其是以沙特阿拉伯为首的中东地区，历来引领世界 LPG 出口。在近 3 年时间内，世界 LPG 贸易已从需求驱动模式转变为供应驱动模式，造成全球供过于求，并开始影响“价格关联”模式，特别是美国由进口国演变为 LPG 的出口国，对 LPG 国际定价体系产生了非常大的影响。

3. 进口因素

东南沿海地区是我国液化气主要消费区。这些地区能源结构极不平衡，缺煤少气成为常态，气体能源对外依存度非常高，液化石油气进口量大大超过国内其他地区。过度依赖进口，是造成该地区液化石油气价格与国际联动的一个重要原因。根据 2017 年 1 月至 2018 年 8 月的数据，进口的丙烷、丁烷 FEI 指数与广东省 LPG 价格密切相关，二者相关性分别达到 0.82 和 0.77。

4. 季节性因素

季节性对液化石油气价格的走势影响较大。一般情况下，气价从当年第三季度开始逐步攀升至次年春节前，3 月份后，气温逐渐回升，液化石油气的需求量明显下降。因此气温的周期性变化引起终端需求量的变化，进而影响和反映到气价走势上；同时，节假日供需变化也会产生一定的影响。

5. 替代能源

一般认为，液化石油气与天然气相互依存、互为补充。液化石油气与替代能源——天然气直接的竞争主要体现在工业用户方面，同样作为燃料的 LPG 与 LNG 有着密切的替代关系。从 2017 年以来的 LNG 单位热值价格与广东地区 LPG 单位热值价格数据来看，二者相关性达到 0. 49。

（五）液化石油气期货套期保值

下游公司建立虚拟库存

案例

某下游公司常年供应餐饮行业的液化石油气，2020 年第一季度因疫情原因导致餐饮业需求下滑，液化石油气价格下跌，王总认为有必要建立一部分库存，于是通过大商所的液化石油气期货建立虚拟库存，在期货市场买入 500 吨液化石油气，既不占用库容，又提高了资金利用率。5 月份随着需求部分恢复，且原油市场也触底反弹，部分餐饮行业开始订货，王总从上游公司买入现货交付给餐饮公司，同时将期货仓位卖出平仓。具体盈亏见表 47。

表 47　　建立虚拟库存情况

项　目	现货市场	期货市场
2020 年 3 月 31 日	液化气现货标价 2 400 元/吨	买入 500 吨（50 手）液化气期货 2 545 元/吨
2020 年 5 月 8 日	买入现货 500 吨 2 910 元/吨，平价交付给餐饮公司	平仓 500 吨（50 手）液化气期货 3 454 元/吨
盈亏	不亏不赚	期货盈利 909 元/吨 期货收益 45. 45 万元
结果	维护客户现货端平价出货	期货盈利

做功课

延伸阅读：液化石油气发展史

人类从懂得用火延续至今，燃料的应用经历了植物燃料、固体燃料、液体燃料、气体燃料四个阶段。气体燃料的发展则又明显地随着社会经济的发展而发展、随着工业技术的进步而进步，并不断向高层次发展。从煤气的供应开始，过渡到液化石油气，最终实现天然气大管网供气是世界性气体燃料的发展途径。

从 1792 年英国机械工程师威廉麦达克在伯明翰实验室里用煤绝热干馏发现煤气之后，人类便进入了使用煤气的新纪元。这个煤气之父——威廉麦达克把产生出来的煤气用铜管引致康威尔住地，成功地用来点灯，照亮了自己的家，这是气体燃料的开端。

液化石油气主要来源于油田伴生气和炼厂气的回收气。由于分装容易、供应灵活，方便推广应用。1895 年美国多列克用石油井架钻取石油获得成功，实施优化工业开始发展，人类开始从石油加工业中获得液化石油气；并于 1902 年开始了液化石油气的供应工作。当时用于装液化石油气的汽车槽车之罐体全部采用钉铆制。从1908年起，德国、法国、意大利、罗马尼亚、苏联等欧洲国家相继使用液化石油气。

日本从1952年起开始采用液化石油气取代木炭、木材、煤和煤制气，成为家庭生活的主要燃料，到1964年，由于都市近郊用户骤增，液化石油气事业者发展出一种既安全又方便的供气方式——以简易配管的形式进行供气(我们称之为瓶组供气)。

1962年，香港（英荷）壳牌石油公司把液化石油气引入香港，并以瓶装供应的形式为香港居民提供服务。为进一步发展高层住户的安全供气服务，从1972年开始，在一些人口集中的生活小区开展了配管供应服务，那就是我们所说的小区中央管道供气系统，一般在5 000至10 000户。

1965年，中国第一座液化石油气灌装厂在北京西郊建成投产，开始向北京市民供应瓶装液化石油气。尽管广东茂名石油化工公司炼油厂在1963年就建成投产，但未能充分回收利用液化石油气，直到1976年才开始以3 633吨/年的数量当成高档商品向广东部分城市部分居民供应。1978年广州石油化工总厂建成投产，广东居民液化石油气供应量提高到11 540吨/年。1979年深圳建市之初，香港商人纷纷来深圳投资设厂，香港大中行捷足先登来到深圳建立储罐站，从香港引入国外液化石油气，一车一车地从香港输入深圳。

1982年3月，深圳市煤气公司成立，开展了瓶装液化石油气的供气服务，从广东茂名、湖南长岭炼油厂购进液化石油气供应市民；1982年8月，深圳市液化石油气管理公司成立，开展向高层楼宇住户提供管道供气的服务，在深圳地区开展了具有规模性的、系统性的小区集中供液化石油气。1987年深圳公司也试探性地从香港进口国外气2 750吨，到1990年达到6.9万吨，1993年广东供气量98.6万吨，其中进口气61.5万吨，占供气总量的62.4%。1995年总供气量195.68万吨，其中进口气166.33万吨，占供气总量的85%，国产气只有29.35万吨。1988年3月，深圳华南液化气船务公司的“安龙号”液化气船首航深圳至江苏镇海，开始了国内船海运液化石油气的业务；1989年2月，“泰龙号”液化气船开往国际航线，驶进菲律宾八大岸冷冻液化气储存基地，开始在中国公海远洋运输液化石油气，接着又开往新加坡、马来西亚、泰国等地运输液化石油气。

其后，为了缩短运输距离，减少船运周期，将液化石油气从低温常压船过驳到常温全压船进行销售活动的“海上浮仓”出现了——1992年11月，日本岩谷公司在珠海桂山列岛附近的海面上停泊了一条4万吨级的世界天空号大型低温常压液化气船。这种临时性的、过渡性的“海上浮仓”过驳作业，不久又被固定的陆上冷冻液化石油气库取代。

推荐阅读：

书名：《液化石油气基础知识》

作者：陈启明

出版社：重庆大学出版社

简介：本书紧密结合我国液化石油气的应用情况，系统讲述了液化石油气相关的基本知识及应用技术。全书共13章，包括液化石油气基础知识、液化石油气运输、液化石油气储存、液化石油气的槽车装卸、液化石油气的供应、液化石油气灌装、液化石油气的应用、相关设备设施与技术、测量仪表、液化石油气管道施工技术、液化石油气信息管理系统、安全要求、安全评价。可作为城镇燃气职业培训人员和受训人员的使用教材，作为职业技术学校燃气相关专业的配套教材，也可供液化石油气运行管理人员参考。

苯乙烯（EB）

（一）“不稳定”的苯乙烯

苯乙烯（Styrene，C8H8）是一种重要的液体化工原料，结构式 C6H5CH = CH_2，相对分子质量 104.14，属于带有烯烃侧链并与苯环形成共轭体系的单环芳烃，是不饱和芳烃中最简单、最重要的成员。苯乙烯被广泛用作生产合成树脂和合成橡胶的原料（见图 50）。

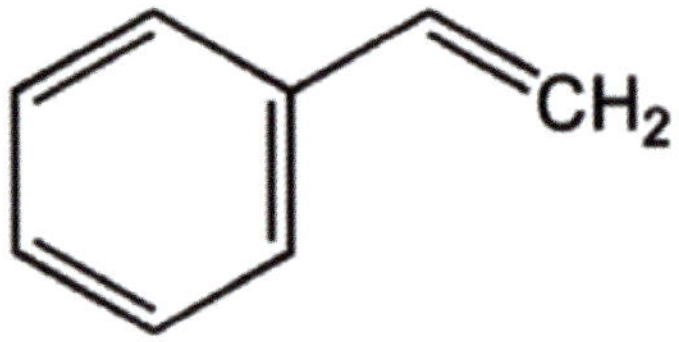

图 50　苯乙烯分子式

苯乙烯在常温下为无色液体，不溶于水，能溶于汽油、乙醇和乙醚等有机溶剂，有毒、有特殊气味。苯乙烯因为具有不饱和双键，并且与苯环形成共轭体系，因此有很强的化学反应性能，易自聚和聚合，一般用加热或催化剂使苯乙烯发生自由基聚合。苯乙烯可燃，与空气能形成爆炸混合物。

由于化学性质活泼，苯乙烯一般储存于阴凉、通风的库房，远离火种、热源，库温不宜超过 25℃。为了防止苯乙烯自聚，储存和运输中通常加入 TBC 阻聚剂（见图 51）。

图 51　苯乙烯样品

（二）“承上启下”的苯乙烯

苯乙烯“上承油煤、下接橡塑”，是一种重要的石油化工基础有机原料。苯乙烯的上游石化产业链，直接上游是苯和乙烯；下游比较分散，涉及主要产品发泡聚苯乙烯（EPS）、聚苯乙烯（PS）、ABS 树脂、合成橡胶（SBR、SBL、SBS 等）、不饱和聚酯树脂（UPR）以及苯乙烯类共聚物（如 SBC），终端主要应用在塑料和合成橡胶制品。下游终端用途如下：聚苯乙烯（PS）主要用途是日用品、餐具、建材；可发性聚苯乙烯（EPS）主要用途是建筑保温、包装材料；丙烯腈－丁二烯－苯乙烯共聚物（ABS）主要用途是汽车内饰、家电；不饱和树脂（UPR）主要用途是玻璃钢、卫浴、工艺品、纽扣；丁苯橡胶（SBR）主要用途是轮胎、胶带；丁苯胶乳（SBL）主要用途是造纸、涂料；其他用途有 SBS、离子交换树脂、苯乙醇等（见图 52）。

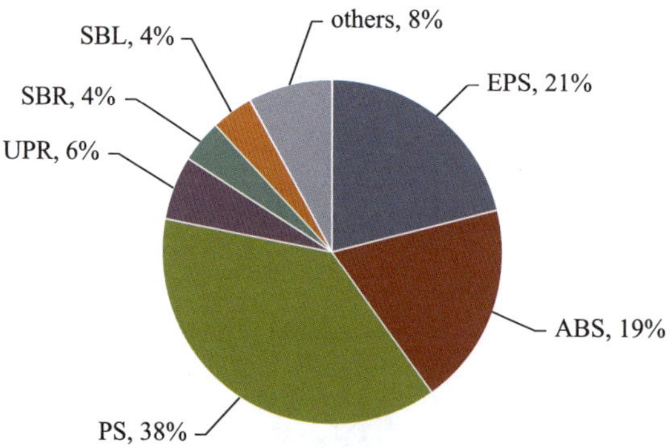

图 52　苯乙烯下游需求分布比例

苯乙烯的直接上游是乙烯和纯苯。纯苯的应用主要包括苯乙烯、己内酰胺、苯胺及酚酮四大需求，其中纯苯最大的下游是苯乙烯，2018 年我国苯乙烯对纯苯的消费占比为 39%。乙烯下游衍生品较多，其中苯乙烯是聚乙烯（PE）、聚氯乙烯（PVC）和环氧乙烷（EO）排位之后的第四大乙烯衍生品（见图 53）。

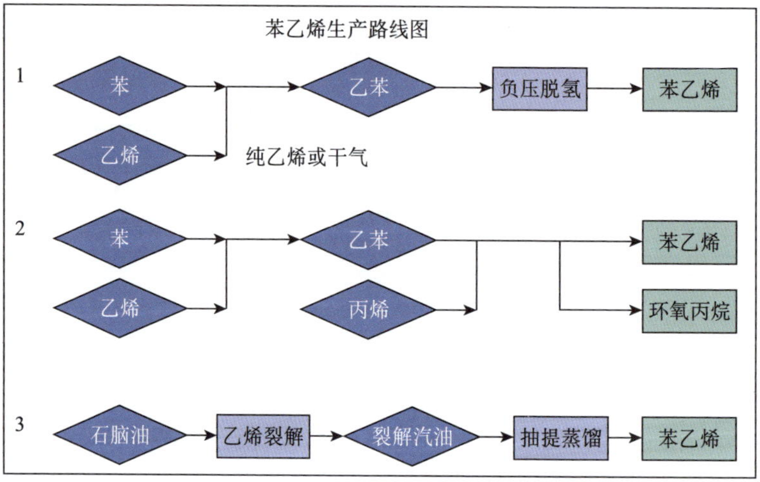

图 53　苯乙烯 3 种生产路线图

（三）产销集中地华东——化工的天堂

2019 年，中国共有 46 家苯乙烯生产厂家、54 条生产线，总产能 930.5 万吨。从产能区域分布来看，我国苯乙烯产能主要分布在华东、华北、华南和东北。江、浙、沪等华东地区产能占全国总产能的 45%，华北和华南地区产能分别占全国的 22% 和 13%（见图 54）。从生产企业性质上看，民营企业产能占 29%，中石化集团占 26%，合资企业占 16%，中石油集团占 13%，其他类型企业占 16%（见图 55）。

我国苯乙烯产销及进口均主要集中在华东、华南地区，其中华东是最大的产销地，同时也是进口及贸易集散地，华南是第二大产销地，华东、华南之间也有少量货物流动。由于消费地和生产地集中在华东和华南，因此第三方储罐也在华东和华南港口。华东地区货源除供应本地外，部分流向京津及山东地区，但具有一定的季节性。西北地区主要以当地销售为主，少量销售至华东地区。华南地区主要以供应周边为主（见图 56、图 57、表 48）。

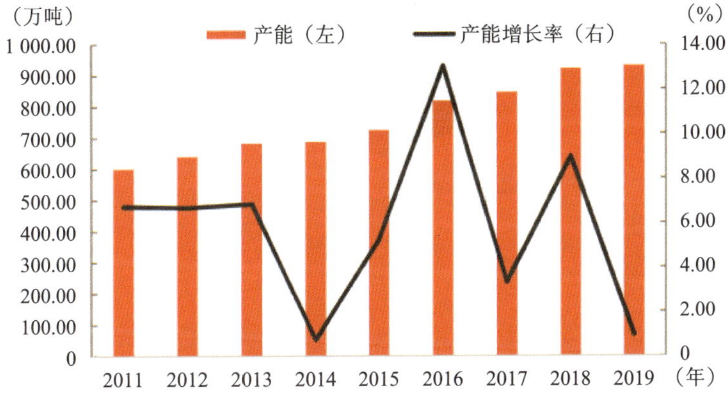

图 54　2011 ~ 2019 年苯乙烯产能和增长率

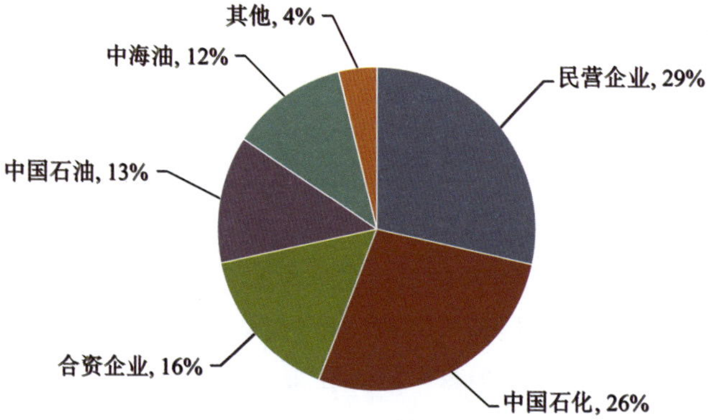

图 55　苯乙烯企业类型占比

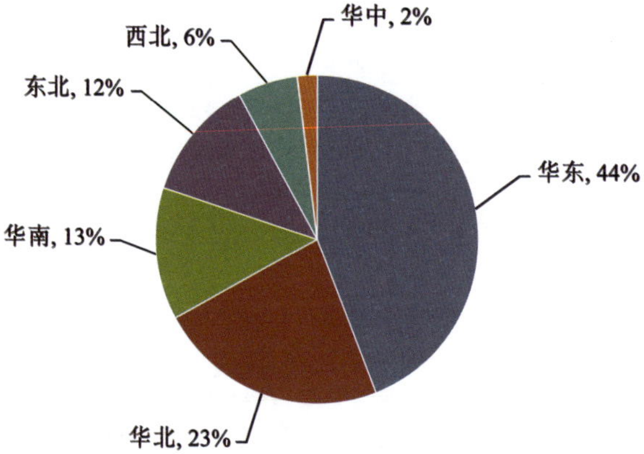

图 56　2019 年苯乙烯产能按地区分布图

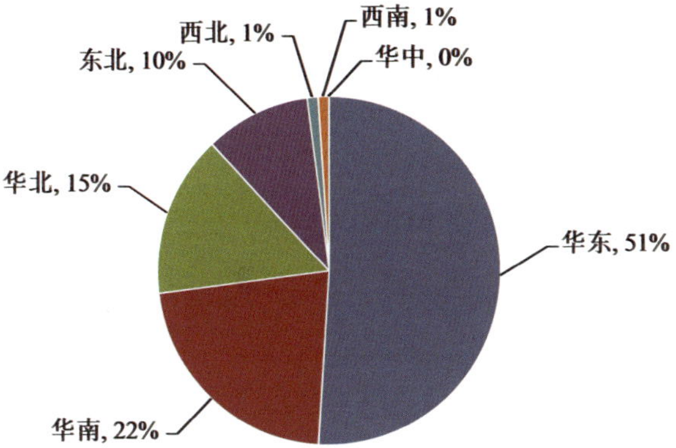

图 57　2019 年苯乙烯消费结构按地区分布图

资料来源：卓创资讯。

表 48　苯乙烯主要第三方储罐企业　（单位：万立方米）

区域	地点	港口	总罐容	保税罐容	SM 罐容	冷冻罐容
华东	江阴	江阴奥德费尔	10	2	4	0
		江阴丽天石化	22	1.73	11	5.5
		利士德化工	42	5	8	6
		江阴华西化工	30	5	2	1
		江阴恒阳化工	13.96	13.96	3	1.1
		江阴澄利	47	15	5	0
	张家港	张家港孚宝	50	45	4	4
		张家港越洋	15.35	9	0.5	1
		中油泰富	35	1.3	0	0
		张家港舜天	5	4	1	1
		张家港开诚	3.8	3.8	0	0
	常州	常州双志	10	1.5	0	1
		常州华润	54	0	4	4
		常州建滔	15.5	3.3	2	1.5
	南通	南通千红石化	18.6	5	3	0

续表

区域	地点	港口	总罐容	保税罐容	SM 罐容	冷冻罐容
华南	珠海	珠海恒基达鑫	62	30	3	3
	东莞	百安码头	47.45	32	3	4
		东莞东洲	30	1.3	1.3	0.6
		东莞三江	25.8	3	3	0
		东莞金明	14	3	3	0
	泉州	泉州振戎石化	43	2	10	1.3

（四）国产 PK 进口 = 对外依存度降低

2019 年全球范围内中国地区苯乙烯产能稳居首位，产能占比前 5 位的国家分别是中国、美国、韩国、日本和荷兰，产能占比分别为 26%、13%、10%、9%和6%，合计产能占比为 64%（见图 58）。其中，中东地区是全球范围内苯乙烯供应过剩程度最高的地区，因此也是全球苯乙烯的主要出口地区；其次是美洲地区，为全球苯乙烯的第二大输出地区；欧洲地区作为美国货物输出的桥梁，在中国对美国实施反倾销后对东北亚地区的苯乙烯出口量明显增加；最后是东南亚地区，也是全球苯乙烯的重要输出地。而印度和东北亚是全球苯乙烯的主要进口地区，其中东北亚的进口需求最高，中国的需求量又占据了首要位置。

我国进口苯乙烯主要来自韩国、沙特阿拉伯、日本、中国台湾、伊朗、美国、新加坡等地。2018 年，由于对原产自韩国、美国和中国台湾的苯乙烯征收反倾销税，韩国失去了长久以来的对中国苯乙烯出口第一名的位置。现在，我国进口苯乙烯排名前 3 位的国家和地区分别为沙特阿拉伯、日本和中国台湾（见图 59）。

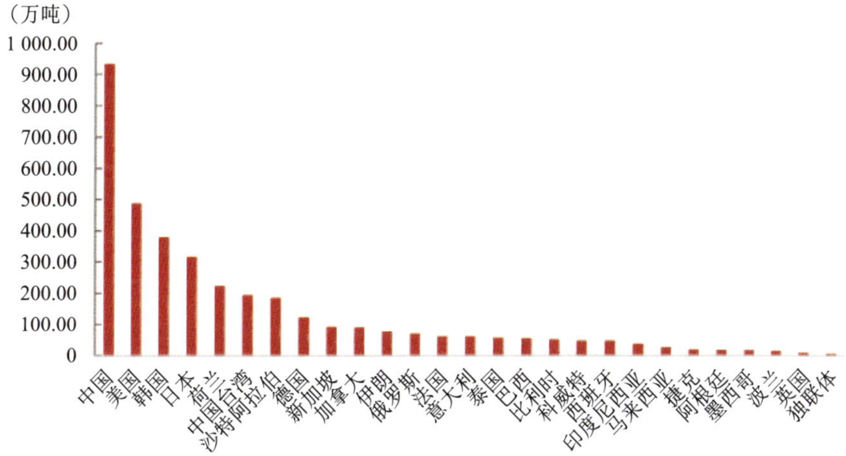

图 58　全球苯乙烯产能分布情况

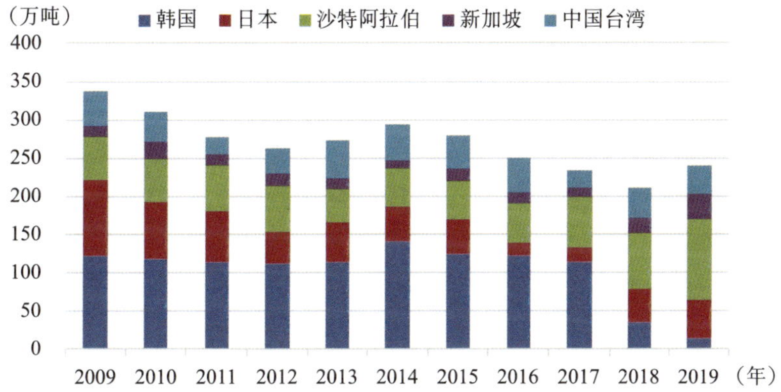

图 59　苯乙烯进口地区变化

随着过去几年中国装置批量投产，国产货源供应快速提升，2010～2018年，苯乙烯自给率大幅提升，苯乙烯进口依存度逐年下滑。而2019年进口依存度未继续下滑的主要原因是：年内中国苯乙烯规模性投产未能如期达成。2020年，随着中国产能迅速增长，预计进口依存度将继续下滑（见图60）。

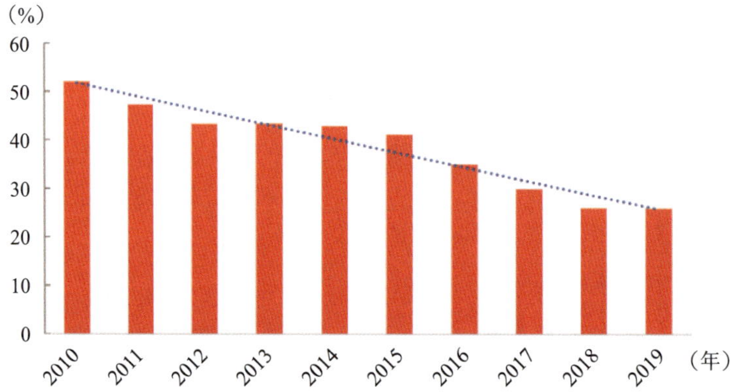

图 60　2010～2019 年中国苯乙烯进口依存度

（五）"奔放"的现货价格怎么把握

近年来我国苯乙烯价格波动较为剧烈，以华东地区苯乙烯价格为例，2014～2018 年价格波幅分别为 88.6%、68.4%、55.7%、48.8%、66.7%。

影响苯乙烯价格的因素，不仅包括原油、乙烯、纯苯等上游原料品种以及 EPS、PS 和 ABS 等下游产品的价格，生产和消费企业的开工情况、社会库存情况，都会给苯乙烯的价格带来影响。

从上游原材料来看，价格影响因素众多，原油价格波动只是其中之一。从近几年的走势看，苯乙烯价格与原油价格相关性为 0.73。纯苯及乙烯单体作为苯乙烯的直接原料，主要影响苯乙烯的生产成本，同时影响装置是否能正常开工。但由于纯苯及乙烯单体受原油波动影响较大，因此市场商家与下游厂家往往对国际原油关注力度较大，而对纯苯及乙烯单体关注力度相对较小。

从下游产品来看，EPS、PS 和 ABS 是苯乙烯最主要的三大下游产品，其市场供需情况对苯乙烯的价格存在较大影响。从近几年的统计结果看，苯乙烯价格与 EPS 价格相关性为 0.97，与 PS 价格相关性为 0.91，与 ABS 价格相关性为 0.79，均有较强的相关性。

因为苯乙烯产销及流通主要集中在华东地区，故主要的社会库存也集中在华东，从历史库存波动与价格波动看，二者相关系数为 -0.16，具体体现在库存水平较高、价格走低，库存水平较低、价格走高（见图 61）。

图 61　港口库存（倒序）和价格相关度

（六）苯乙烯期货合约

合约内容见表 49。

表 49　苯乙烯期货合约

项　目	内　容
交易单位	5 吨/手
报价单位	元（人民币）/吨
最小变动价位	1 元/吨

续表

项　目	内　容
每日价格最大波动限制	上一交易日结算价 ±9%
合约交割月份	1 月、2 月、3 月、4 月、5 月、6 月、7 月、8 月、9 月、10 月、11 月、12 月
交易时间	每周一至周五上午 9：00～11：30，下午 1：30～3：00，夜盘 21：00～23：00
最后交易日	合约交割月份倒数第 4 个交易日
最后交割日	最后交易日后第 3 个交易日
交割品级	大连商品交易所苯乙烯交割标准（F/DCE EB001－2019）
交割地点	大连商品交易所苯乙烯指定交割仓库
最低交易保证金	合约价值的 11%
交易手续费	5 元/手
交割方式	实物交割
交易代码	EB
上市交易所	大连商品交易所

做功课

竞争形式分析及预测：2019 年中国仍有 300 多万吨苯乙烯的需求缺口，但随着中国苯乙烯供应能力的不断增加，中国苯乙烯资源竞争更加激烈，购买者的议价能力逐步增加，随恒力、浙石化装置投产，下游会寻找综合能力更强的资源（见表 50）。

表 50　竞争形势分析

项　目	形　势
供应商议价能力	中国批量装置投产，美元货源冲击，中国苯乙烯厂家议价能力逐步转弱
购买者议价能力	中国多套大装置的投产预期下，中国终端用户原料采购将拥有更多的主动和选择性。2019 年大商所推出苯乙烯期货后，原料采购有了避险工具和更多操作空间，议价能力提升

续表

项　目	形　势
新进入者威胁	新产能集中投产，中国地区市场份额将重新划分，市场竞争加剧
替代品威胁	暂无新产品替代之忧，但下游产品面临进口货源和替代品冲击，间接冲击中国苯乙烯市场
同业竞争者竞争程度	内外盘供应的增加，苯乙烯行业竞争激烈

推荐阅读

公众号“要资讯”：关于苯乙烯期货，有这一篇就够了！

简介：该文是多家公众号发布的苯乙烯文章的集锦，里面包含苯乙烯期货基础知识、苯乙烯产业链、苯乙烯产业利润、苯乙烯和塑料、橡胶等。

尿　素

（一）粮食的“粮食”

人类的生存不能缺少粮食，粮食的生长也不能缺少肥料，可以说肥料是粮食的“粮食”，而尿素是最大的化肥品种，约占化肥产量的42%。在化肥工业化前，不论是欧洲还是亚洲，都把粪便当作主要肥料。进入18世纪以后，世界人口迅速增长，同时欧洲爆发了工业革命，使得大量人口涌入大城市，加剧了粮食供应紧张。1773年，伊莱尔·罗埃尔（Hilaire Rouelle）发现尿素；1828年，德国化学家维勒（F. Wöhler，1800～1882年）在世界上首次用人工方法合成了尿素，他的研究打破了无机物与有机物之间的绝对界限，按当时化学界流行的“活力论”观点，尿素等有机物中含有某种生命力，是不可能人工合成的。直到1909年，德国化学家哈伯（F. Haber，1868～1934年）与博施（C. Bosch，1874～1940年）才合作创立了“哈伯－博施”氨合成法，开辟了人类直接利用游离状态氮的途径，也开创了高压合成氨的化学方法，它的意义已不仅仅是使大气中的氨变成生产化肥“取之不尽、用之不竭”的廉价来源，而且使农业生产产生了根本的变革。联合国粮食及农业组织（FAO）的资料显示，化肥对全球粮食产量的贡献约 50%，它给全人类带来的巨大福利是无可比拟的，诺贝尔化学奖得主西博格在纪念美国化学会成立 100 周年大会上的演讲中说：“无论过去、现在或可预见的将来，再也不能找到任何一门工业比化肥工业更直接关系到国计民生了。”

尿素，又称碳酰胺（carbamide），是由碳、氮、氧、氢组成的有机化合物，是一种白色晶体，是最简单的有机化合物之一，是哺乳动物和某些鱼类体内蛋白质代谢分解的主要含氮终产物。尿素是目前含氮量最高的氮肥，尿素适用于各种土壤和植物，易保存，使用方便，对土壤的破坏作用小，是目前使用量较大的一种化学氮肥。工业上用氨气和二氧化碳在一定条件下合成尿素。除了直接当作氮肥施用外，尿素还有着多种多样的用途，例如可以作为复合肥的生产原料、与甲醛聚合生产脲醛树脂作为人造板的黏合剂、生产三聚氰胺、车用尿素净化汽车尾气、电厂脱硫脱硝、生产氰尿酸、化妆品的保湿成分等（见图 62）。

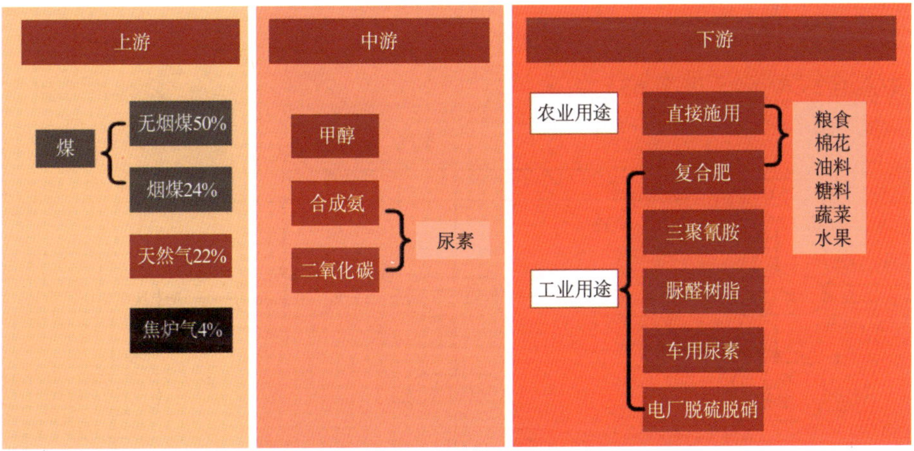

图 62　中国尿素行业产业链

（二）粮食的“粮食”怎么来的

尿素是一种不可或缺的肥料，它是如何生产出来的呢？

尿素的生产原料主要为煤或天然气。天然气制尿素约占世界尿素总产能的65%，主要集中在中东、东欧和北美地区；煤炭制尿素的产能占总量的30%，主要集中在亚洲、东欧、北美等地区。“富煤贫油少气”的能源状况决定了中国的尿素生产以煤炭为主、天然气为辅。

煤制尿素通常是将水煤浆与纯氧进行部分氧化反应，制得以 CO_2、H_2 为主要成分的气态产物。接下来就是从工艺上去除氨气合成催化剂的毒物 CO、H_2S、COS 以净化气体，进一步分离、制得高纯度的 CO_2，满足尿素合成的需要，制得高纯度的 H_2 以及脱除其中的惰性气体 CH_4、Ar，对高纯度的 H_2 进行精制，最终获得纯的氢氮气体，满足氨气合成的需要。来自液氮洗装置的合格新鲜气（$H_2:N_2=3:1$），经合成气压缩机加压后，送入氨合成塔，在高温（380℃～430℃）、高压（14.2MPa）下通过氨合成催化剂的催化作用使部分气体合成氨，以液氨的形式送至尿素装置用。摩尔比为 2∶1 的液氨和二氧化碳进入合成单元（见图63）。

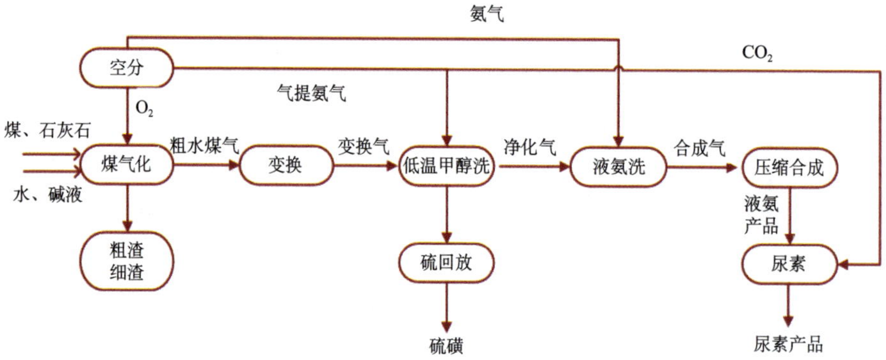

图63　煤制尿素简易流程

天然气原料的纯氧自热转化制氨加工成尿素时氨碳基本平衡，生产 1 吨氨可加工成 1.7 吨尿素，没有多余的 CO_2 排放（见图 64）。

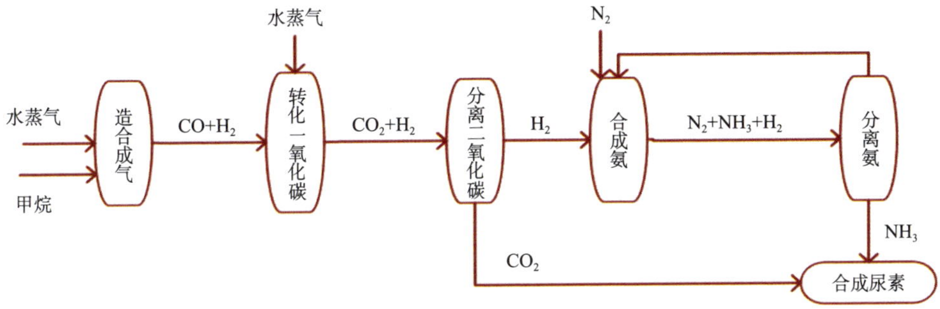

图 64　天然气制尿素简易流程

尿素从粒度看，有大小颗粒之分，目前消费者常见的小颗粒尿素粒径约为 1.5 毫米，大颗粒尿素一般为 2.00～4.75 毫米，此外还有 7 毫米以上的尿素丸，大颗粒尿素是在小颗粒尿素基础上二次加工而成；从质量品级看，可分为优等品和合格品；从用途看，可分为农业用和工业用（见表 51）。

表 51　尿素分类

项　目		工业用		农业用	
		优等品	合格品	优等品	合格品
总氮的质量分数≥		46.4	46	46	45
缩二脲的质量分数≤		0.5	1	0.9	1.5
水分≤		0.3	0.7	0.5	1
亚甲基二脲（以 HCHO 计）的质量分数≥				0.6	0.6
粒度	d0.85mm～2.80mm			93	90
	d1.18mm～3.35mm				
	d2.00mm～4.75mm				
	d4.00mm～8.0mm				

注：(1) 水分以生产企业出厂检测数据为准；

(2) 尿素生产工艺中不加甲醛，不测亚甲基二脲；

(3) 粒度只需符合四档中任意一档即可，包装表示中应标明粒径范围。

（三）尿素市场简述

1. 亚洲仍是供应的“巨无霸”

全球有超过50个国家生产尿素，亚洲是世界最大的尿素生产和消费地区，产能约占世界总产能的70%。2010~2017年世界尿素产能产量一直保持增长，全球新增氮肥产能主要来自中国、俄罗斯、印度、美国等国家，2017年全球尿素产能达到顶峰（2.172亿吨）。2017年以后全球尿素产能产量开始出现下滑，中国、巴西、科威特等地区由于产能过剩，大量落后装置关闭，同时俄罗斯、印度等国家新建项目投产，至2019年全球尿素产能2.081亿吨，同比下滑0.9%，产量1.76亿吨，同比上涨2.4%。需求方面，目前世界尿素需求约有80%来自农业，剩下20%来自工业需求，2019年世界尿素需求约1.71亿吨，需求持续保持小幅增长趋势。全球贸易方面，2019年世界尿素贸易量约5 000万吨，约占全球尿素总产量的26%，主要出口地区包括西亚、东亚、俄罗斯等，西亚是世界上尿素出口量最大的地区；进口地区包括北美洲、南美洲、澳洲等，过去几年印度一直是世界上进口量最多的国家之一，目前约占世界贸易总量的10%。

2. 中国尿素产能已经开始逐步出清

2010~2015年我国尿素工业发展迅速，2015年我国尿素产能和产量达到巅峰，分别为8 900万吨、7 500万吨，产能严重过剩。2015年以来，尿素在生产、运输及税收方面优惠取消，行业利润水平下滑显著，叠加煤炭成本上行及环保压力，部分企业开工受限，行业开工率持续下滑，落后产能（无烟煤为原料的老旧产能）逐步退出，同时生产原料结构也不断调整，以非无烟煤为原料的产能占比不断提高。截至2019年，我国尿素产能降至约7 000万吨，较 2015 年的高峰下滑约 2 000 万吨（见图 65）。按产能分布看，我国尿素产能集中在内蒙古、山东、河南、山西、新疆等地区，排名前 5 位省份尿素产量占全国总量的 60%，原料资源丰富地区的产能集中度较高。按工艺占比看，当前我国尿素生产工艺主要分为固定床（32%）、水煤浆（22%）、航天炉（16%）、天然气（27%）以及少量的焦炉气（3%）（见图 66）。

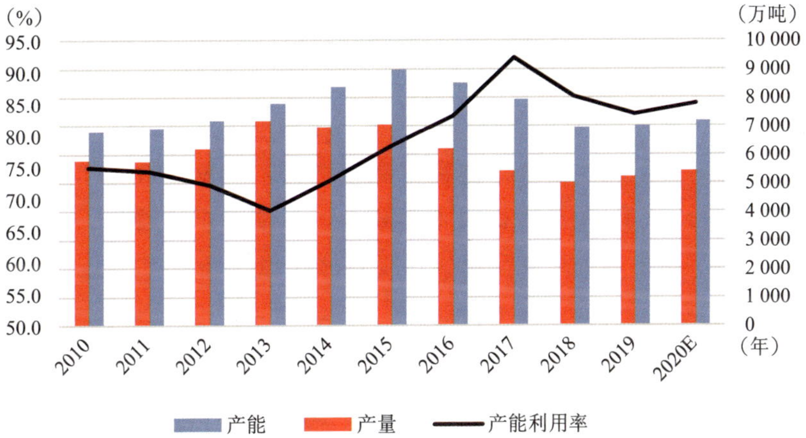

图 65　国内尿素产能产量变化

资料来源：根据社会资料整理，一德期货产业投研部。

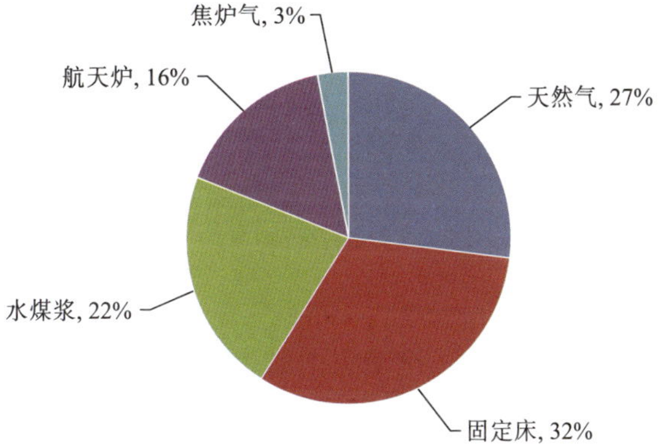

图 66　国内尿素产能占比

资料来源：根据公开资料整理，一德期货产业投研部。

3. 农业吃掉了大部分的尿素

了解了国内尿素产能情况，下面再看一看国内尿素的需求。

我国是世界上尿素消费量最大的国家，农业需求方面，2015 年国家农业部提出了“2020 年化肥零增长”行动方案，提倡化肥施用的减量增效，使得近年来尿素农业需求缓慢下降。根据氮肥工业协会数据，近年来我国尿素农业需求量显著下滑，2016～2018 年平均跌幅为 8.7%，但跌幅逐渐趋缓；工业需求方面，主要为制作复合肥、三聚氰胺、脲醛树脂、电厂脱硫脱硝等。根据氮肥工业协会数据，尿素工业需求逐年增长，2009～2018 年平均增长率 10%，人造板行业、三聚氰胺行业贡献较大，后期需求量趋稳；因国家环保要求趋严，车用尿素、电厂脱硝将保持稳定增长趋势（见图 67）。

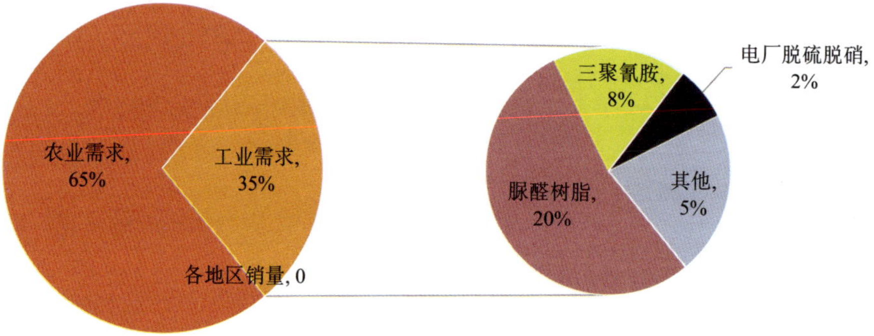

图 67　国内尿素需求占比

资料来源：根据公开资料整理，一德期货产业投研部。

我国尿素需求的季节性特征为“全年生产，按需使用”，工业用尿素季节性消费差异小，但农业消费具有明显的淡旺季特征。以 2017 年为例，1～4 月为传统的春耕季节，需求总量在 1 800 万吨左右，约占全年总消费的 32%；5～7 月为传统的用肥旺季，全国大田作物开始用肥，同时工业需求旺盛，消耗尿素 2 400 万吨，约占全年总消费的 43%；8～12 月，尤其进入 10 月份后，农业需求渐渐减弱，消耗尿素 1 350 万吨，约占全年总消费的 25%。

4. 外贸的净出口格局

尿素进出口受到国家政策影响。1997 年前，我国尿素产量不能满足国内需求，每年大量进口尿素；1997 年国家开始进口管控，2001 年底我国加入世贸组织后进口随之恢复。随着尿素产能的不断增加，我国 2000 年开始大量出口尿素。2005 年为了保障国内供应，国家实施了严厉的控制措施，使得尿素出口大幅减少；2015 年我国取消了尿素出口淡旺季不同的关税政策，当年尿素出口量 1 374 万吨，创下了历史新高。2016 年后随着国际新产能不断增加，且我国尿素生产成本在世界上处于较高的位置，尿素出口量不断下滑。从出口目的国来看，近几年我国主要出口国为印度、墨西哥、韩国等地，其中印度对尿素的需求量巨大，不定期的招标采购总会对国际尿素行情产生一定影响。目前，我国尿素以出口为主，进口较少，2018 年尿素出口量约为 244 万吨，进口量约为 16 万吨，进口依存度不足 0.5%（见图 68、图 69）。

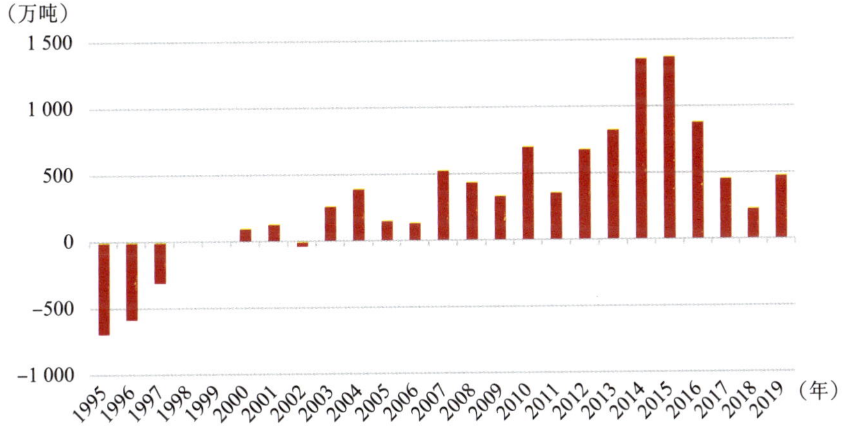

图 68　中国尿素净出口

资料来源：海关总署，一德期货产业投研部。

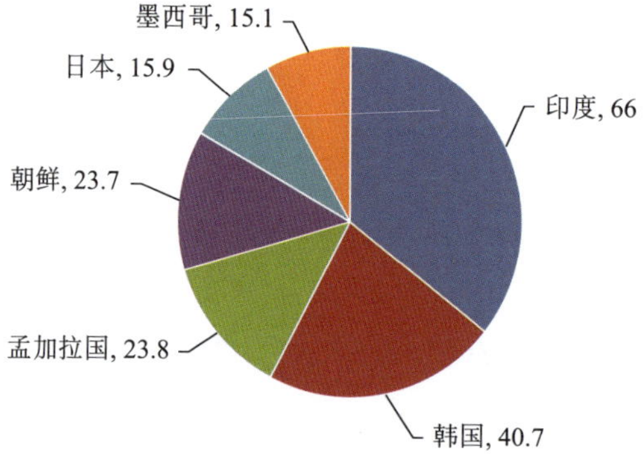

图 69　2018 年中国尿素出口流向（单位：万吨）

资料来源：海关总署，一德期货产业投研部。

5. 尿素价格影响因素知多少

尿素是将工业与农业联系到一起的“特殊”工业品，影响尿素价格波动的因素多种多样。

（1）政策：由于尿素是支农产品，为了考虑农民对化肥价格的承受能力，当尿素价格出现大幅波动时国家会干预尿素市场。例如 2004 年时，尿素价格大幅上涨，国家出台了多个干预尿素市场的文件，平抑市场价格。2004～2009 年，国家对年产 30 万吨以上合成氨的企业实施 1 500 元/吨基准价，可上浮 15% 的限价政策，2009 年以后取消。此外，还有化肥淡储政策（2017 年规模为 500 万吨）、进出口政策（2017 年开始出口零关税）、增值税政策（2019 年下调至 9%）、铁路运费优惠（2016 年取消）、电费优惠（2016 年取消）等政策。

（2）原材料价格：我国煤头尿素产能约占总产能的 70%，生产成本由原料煤和用电组成，煤、电成本约占总成本的 70%。其中电价相对固定，因此尿素价格主要受原料煤的影响。选取 2011 年至今的动力煤价格和尿素价格，对比后发现二者价格走势相近。其中 2015～2017 年的供给侧改革过程中，原料煤的价格领先尿素价格变动，这属于成本端推动价格变动；进入2018年后，供给侧改革基本完成，二者价格走势又开始同步。

（3）供需因素：尿素供应端，2008～2015年国内尿素产能迅速增加，2013年后国内产能严重过剩，尿素市场价格一路下滑至2016年的1 150元/吨，许多尿素企业难以支撑。2017年尿素行业开始供给侧改革，目前国内尿素产能下滑明显。尿素需求端有着农业和工业两方面的影响。农业：2015年国家农业部提出了“2020年化肥零增长”行动方案，提倡化肥施用的减量增效，同时2016年后我国粮食总体种植面积也开始出现下滑，这都使得近年来尿素农业需求缓慢下降；农业需求还受到季节性的影响，简单来说：3月份北方小麦追肥，5月份东北水稻用肥，6月份北方玉米用肥、南方水稻用肥，9月份部分北方小麦用肥，进入10月份后农需逐渐消失。工业：近年来，国内尿素的工业需求持续增加，除了成熟的脲醛树脂和三聚氰胺行业，未来车用尿素和电厂脱硫脱硝的需求前景也很大。

（4）地区价差：由于各个地区的尿素产销情况不同，我国尿素贸易呈现“北向南，西向东”的特点，尤其当某地价格偏高的时候，其他地区的低价尿素会大量流入该地区，影响当地的市场价格。以尿素产销大区华北地区为例，由于煤炭资源丰富，当地价格大部分时间会低于华东地区市场价格，若华北地区的尿素与华东地区的尿素价差过大，华北地区的尿素便会大量流入华东地区，使得地区价差回归合理。

（5）国际市场：我国尿素出口量约占全年总产量的5%～10%，国际尿素市场价格对我国尿素价格会起到一定程度的影响。2015年和2017年，我国连续降低了尿素出口关税标准，目前施行出口零关税的政策，这使得国内外市场价格联动性提高。例如，当印度、美国等其他国家用肥旺季时，国际价格会拉涨，这会在一定程度上提振国内尿素市场的信心并拉涨市场价格。

（6）环保限产：2015年以来，国家高度重视环保工作，各地区纷纷出台环保政策。煤化工行业属于容易污染的行业，是国家重点治理的对象，很多中小型尿素企业由于达不到国家环保要求，在近两年内纷纷关停，目前大部分健康运营的尿素企业都可以达到环保标准。尿素下游工业需求也会受到影响，复合肥企业及胶板厂（脲醛树脂）在环保限产时开工率会大幅下滑，使需求减少并且对尿素市场价格产生不良影响。

除上述几大因素之外，尿素价格也会受到天气因素（降雨或干旱）和市场心态（贸易商、生产企业）等其他因素的影响。

6. 十年磨一剑的尿素期货

"十年磨一剑，扬帆正当时"，2009 年我国尿素价格全面放开后，交易所启动对尿素品种的跟踪研究，2019 年 8 月 9 日尿素期货在郑州商品交易所挂牌上市交易，运行至今已有一年多的时间。郑州商品交易所尿素期货采用符合《中华人民共和国国家标准尿素》（GB/T2440－2017）农业用优等品质量要求的中小颗粒尿素作为交割基准品，农业用合格品尿素可作为替代品贴水 20 元/吨交割（见表 52）。

表 52　　尿素期货合约

项　目	内　容
交易品种	尿素
交易单位	20 吨/手
报价单位	元（人民币）/吨
最小变动价位	1 元/吨
每日价格波动限制	上一交易日结算价 ±4% 及《郑州商品交易所期货交易风险控制管理办法》相关规定
交易保证金	合约价值的 5%
合约交割月份	1～12 月
交易时间	每周一至周五（北京时间，法定节假日除外） 上午 9：00～11：30，下午 1：30～3：00 以及交易所规定的其他时间

续表

项 目	内 容
最后交易日	合约交割月份的第 10 个交易日
最后交割日	合约交割月份的第 12 个交易日
交割品级	见《郑州商品交易所交割细则》
交割地点	交易所指定交割地点
交割方式	实物交割
交易代码	UR
上市交易所	郑州商品交易所

7. 尿素期货应用举例

案例

复合肥厂利用尿素期货建立虚拟库存

河南地区有很多复合肥生产厂家，尿素作为含氮量最高的氮肥是生产高氮复合肥的必备原料，一般来说复合肥厂每年冬季及春季期间都会购买一定量尿素作为库存，目的是用来进行春季的高氮肥生产，一定程度上规避春耕旺季时尿素涨价的风险。2020 年春节期间我国突然爆发了“新冠”疫情，对尿素行业最大的影响就是物流中断，上游企业货运不出去，下游企业买不到货。河南某复合肥厂 2 月初时决定在郑商所买入尿素 2005 合约建立虚拟库存，虚拟库存既不占用库容，又采用保证金交易（资金占用少），可以有效规避尿素库存低的潜在风险。复合肥厂家在期货市场买入 2 000 吨尿素，3 月初物流逐渐恢复后，厂家从尿素工厂买到尿素的同时在期货市场卖出平仓，规避了价格上涨的风险，具体操作和盈亏见表 53。

表 53　利用尿素期货建立虚拟库存

项　目	现货市场	期货市场
2020 年 2 月 5 日	河南尿素价格 1 640 元/吨	买入 2 000 吨（100 手）尿素期货，1 700 元/吨
2020 年 3 月 5 日	买入现货 2 000 吨，1 750 元/吨	平仓 2 000 吨（100 手）尿素期货，1 810 元/吨
盈亏	亏损 110 元/吨	期货盈利 110 元/吨
结果	期货盈利弥补现货涨价风险	

做功课

延伸阅读：弗里德里希·维勒首次人工合成尿素的故事

弗里德里希·维勒 1800 年 7 月 31 日生于德国莱茵河岸边的埃施耳亥姆，1820 年秋天，20 岁的维勒进入马堡的医科大学。他喜欢上大学，在学校里他一心一意地攻读所有的功课，一回到宿舍，就又专心地搞起化学实验来，天天如此。这好像成了他的一种癖好，不做实验就不能安稳地入睡，晚上，维勒总是埋头于那些烧瓶和烧杯之间，似乎忘记了世上的一切。他的第一项科学研究正是在那间简陋的大学生宿舍里成功的。他最早研究的是不溶于水的硫氰酸银和硫氰酸汞的性质问题。有一次，当他把硫氰酸铵溶液与硝酸汞溶液混合时，得到了硫氰酸汞的白色沉淀。他将一部分硫氰酸汞放在瓦片上，让它靠近壁炉里熊熊燃烧的炭火，不一会儿，瓦片被烧热了，上面的白色粉末开始噼啪作响，并逐渐在瓦片上分散开来。维勒高兴极了，他兴致勃勃地注视着所发生的一切现象。响声停止后，他取了一点白色粉末，蘸上点水，用手把它揉搓成一根白色的长条，放在瓦片上干燥片刻，然后给瓦片的一端加热。于是，重新又听到噼啪的声音，白色的长条受热后开始剧烈地膨胀着，形成了一个大气泡，那气泡像球一样飞快地向另一端滚去。待反应停止后，剩下一块不能流动的黄色物质。如此壮观与罕见的分解现象，使维勒非常兴奋。

经过几个月的深入研究，弗里德里希·维勒在自己的第一篇科学论文中详细地描述了这个现象。由布赫医生推荐，这篇论文发表在《吉尔伯特年鉴》上。该文发表后，立即引起了瑞典化学家贝采里乌斯的重视。他在撰写《年度述评》中，以十分赞许的口吻对维勒的论文给予了肯定的评价。这一成果增强了这个青年学生的信心，为了继续深造，他决定到海德堡去。维勒要拜著名化学家列奥波德·格美林、生理学家蒂德曼教授为师。1822 年秋天，维勒到了海德堡，首先在蒂德曼教授指导下从事实验工作，准备将来当医生。同时，他还可以在格美林的实验室里工作。那里的实验条件较好，所需的物品应有尽有。维勒继续着手研究氰酸及其盐类，同时还同帝德曼教授一道工作，头绪繁多的研究项目，把他的时间安排得满满的。然而这个青年人硬是坚持了下来，取得了丰硕的成果。维勒在化学方面取得的成果，表现出他卓越的研究才能和在化学上的较深造诣，深得格美林和蒂德曼教授欣赏，他们和他结下了深厚的友情。根据蒂德曼教授的建议，他又着手研究一个极为重要的生理学课题，即研究动物有机体尿液中排泄出来的各种物质。维勒用狗做实验，也对自己进行实验，他从尿中分离出了纯净的尿素。这是一种易溶于水的无色晶体。维勒对它进行了全面分析，查明了该物质的一些重要性质。经过实验，他还得知在人们的一日三餐中，哪些食物能够引起尿中尿素含量的增加。

一年的留学时间转眼就过去了，1824 年 9 月维勒回到家乡法兰克福。回家后的第二天，他重又来到布赫医生家里，同过去一样，他们几乎每天都在一起热烈讨论有关化学问题。维勒重新把自己的住所变成了实验室。当时，维勒正埋头研究制取氰酸铵的最简便的方法。他首先让氰酸和氨气这两种无机物进行反应，结果使他感到意外，生成物不是氰酸铵，而是草酸。他多次重复这一实验，结果仍然一样。于是改用氰酸与氨水进行复分解反应，企图制得氰酸铵，结果“形成了草酸及一种肯定不是氰酸铵的白色结晶物”。他分析了这种白色物质，证明它确实不是氰酸铵，维勒肯定，他发现了一种与氰酸铵不同的新物质。

那么，这种白色晶体究竟是什么呢？限于当时的实验条件，他自己还证明不了。他渴望有一个条件较好的实验室，为此，他毅然受聘到柏林工艺学校去任教。尽管那里的工资待遇不高，居住条件较差，但他满意那里有一个设备齐全的实验室。到1828年为止，他一直在这里工作，使用了当时最先进的实验分析方法，证实了他早在4年前在家乡发现过的白色晶状物质正是尿素。他还发现，用氯化铵与氰酸银或以氨水与氰酸铅反应，都能得到比较纯净的尿素，维勒感到无比兴奋，经过三四年的艰苦工作，他终于实现了由无机物来人工合成尿素的设想。他把这一成果写成论文，题为《论尿素的人工制成》，发表在1828年《物理学和化学年鉴》第12卷上。这篇论文引起了化学界的一次震动。因为在18世纪至19世纪初，生物学和有机化学领域中普遍流行着一种生命力论，认为有机物只能依靠一种生命力在动植物有机体内产生：在生产上和实验室里，人们只能合成无机物质，不能合成有机物质，尤其是由无机物合成有机物更不可能。

人工合成尿素又一次提供了同分异构现象的早期事例，成为有机结构理论的实验证明。这一发现强烈地冲击了形而上学的生命力论，为辩证唯物主义自然观的诞生提供了科学依据，填补了生命力论制造的无机物同有机物之间的鸿沟。恩格斯曾指出，维勒合成尿素，扫除了所谓有机物的神秘性的残余。人工合成尿素在化学史上开创了一个新兴的研究领域。尽管这一发现最初仅限于孤立的个别事例，而且在生命力论者看来尿素不是真正的有机物，只是动物机体的排泄物并易于分解成氨和二氧化碳，只是一种联系有机物和无机物的过渡产物，真正的有机物决不能人工合成。但维勒提出的有机合成的新概念，促使以后关于乙酸、脂肪、糖类物质等一系列有机合成的成功。因此可以说，维勒开创了一个有机合成的新时代。

后　记

历经四年多的辛勤工作，《“讲故事　学期货”金融国民教育丛书》终于与读者见面了！

《“讲故事　学期货”金融国民教育丛书》用图书的方式，打造一套具有标识性的投资者教育产品，在系统、全面介绍期货行业全貌、入市应知应会的基础上布局亮点，力图用通俗易懂的语言、生动有趣的故事案例将期货知识介绍给读者，尽量避免深奥的理论阐述。

本丛书由中国期货业协会期货投资者教育专项基金资助。中国证监会投资者保护局、期货部自始至终关注期货业协会投教基地的建设和投教新产品的推出；协会领导对丛书编写工作给予高度重视和大力支持；洪磊会长多次对编写工作提出指导意见。中国期货业协会投资者教育委员会部分委员参与了丛书评审。中国财政经济出版社负责出版工作。

本书由陈瑞华负责主要撰稿任务，银河期货有限公司在不同阶段参与了具体撰写工作。

鉴于水平所限，呈现给大家的书稿可能仍未达到期望。在此，我们诚恳地向读者征求意见和建议，以便在以后修订的过程中继续提高。如有错误疏漏之处，敬请读者批评指正。

“讲故事　学期货”金融国民教育丛书编写组

2020 年 12 月